na
ponta
da
língua

SERVIÇO SOCIAL DO COMÉRCIO
Administração Regional no Estado de São Paulo

Presidente do Conselho Regional
Abram Szajman
Diretor Regional
Danilo Santos de Miranda

Conselho Editorial
Ivan Giannini
Joel Naimayer Padula
Luiz Deoclécio Massaro Galina
Sérgio José Battistelli

Edições Sesc São Paulo
Gerente Iã Paulo Ribeiro
Gerente adjunta Isabel M. M. Alexandre
Coordenação editorial Clívia Ramiro,
Cristianne Lameirinha, Francis Manzoni
Produção editorial Thiago Lins
Coordenação gráfica Katia Verissimo
Produção gráfica Fabio Pinotti
Coordenação de comunicação Bruna Zarnoviec Daniel

peter brook
na
ponta
da
língua

reflexões sobre linguagem e sentido

tradução
josé geraldo couto

edições sesc

Título original: *Tip of the Tongue: Reflections on Language and Meaning*
Publicado originalmente em inglês por Nick Hern Books, Londres.
© 2017 Peter Brook
© Edições Sesc São Paulo, 2019
Todos os direitos reservados

Preparação Ísis De Vitta
Revisão Elba Elisa, Sílvia Balderama Nara
Projeto gráfico Bloco Gráfico

Dados Internacionais de Catalogação na Publicação (CIP)

B871p

Brook, Peter
 Na ponta da língua: reflexões sobre linguagem
 e sentido / Peter Brook;
 tradução de José Geraldo Couto.
 São Paulo: Edições Sesc São Paulo, 2019.
 96 p.

ISBN 978-85-9493-196-2

1. Linguagem. 2. Comunicação. 3. Literatura. 4. Teatro
I. Título. II. Couto, José Geraldo.

CDD 409

Edições Sesc São Paulo
Rua Serra da Bocaina, 570 – 11º andar
03174-000 – São Paulo SP Brasil
Tel. 55 11 2607-9400
edicoes@edicoes.sescsp.org.br
sescsp.org.br/edicoes
🅕🅨🅞🅓/edicoessescsp

nota à edição brasileira

Qualquer tentativa de definir este livro será malfadada. Citando o autor favorito de Brook, podemos dizer que *sua sutileza dorme aos ouvidos*.

Ainda assim, podemos tentar explicá-lo dizendo que, em *Na ponta da língua*, Peter Brook estimula o escrutínio da relação entre uma palavra e seu verdadeiro sentido. Palavras são frequentemente uma necessidade, instrumentos necessários para navegar no mundo cotidiano. Contudo, é tentadora a facilidade de deixá-las assumir o protagonismo e esquecer sua essência: o sentido. Como afirma o autor: *Todas as formas são degraus para se chegar ao sentido. E o sentido é o eterno graal que inspira a busca.*

Polígrafo, aqui Brook trata também de teatro e das diferenças entre a língua inglesa e francesa, retoma seu famoso conceito do espaço vazio e, por fim, aborda seu tema e autor prediletos: William Shakespeare (*palavras, palavras, palavras*). Tudo com a digna precisão de um senhor inglês de 94 anos de idade. O volume se encerra com um aprofundado estudo do escritor Rodrigo Lacerda sobre a carreira de Brook.

O teatro e suas múltiplas facetas são temas caros ao Sesc, seja no campo das ações artísticas, seja na área editorial. Em 2015, Brook esteve no Brasil para a encenação da peça *O terno* (*The Suit*), ampliando uma duradoura parceria com a instituição. *Na ponta da língua* soma-se a *Reflexões sobre Shakespeare*, de 2016, facultando ao leitor, profissional do teatro ou não, acesso às reflexões e à experiência desse grande diretor.

*Para todos aqueles que ao
longo dos anos estimularam o
questionamento e as experiências
que eu descrevo aqui.*

*Isto não pode ser dedicado
a uma só pessoa – mas a
todos vocês, com gratidão.*

11 **prólogo**

parte um

19 palavras palavras palavras
21 na ponta da língua
26 *sea bells*
29 dou minha palavra

parte dois

35 da alvorada ao crepúsculo
40 intuição sem forma
45 quando um espaço não é um espaço?

parte três

53 arranha-céu
64 o espelho

posfácio

69 única impressão coletiva: o momento
RODRIGO LACERDA

95 sobre os autores

pró-logo

Muito tempo atrás, quando eu era bem jovem, uma voz escondida no fundo de mim sussurrava: "Não tome nada como garantido. Vá ver por conta própria". Esse pequeno murmúrio persistente me levou a inúmeras viagens, a inúmeras explorações, à tentativa de levar ao mesmo tempo múltiplas vidas, do sublime ao ridículo. A necessidade sempre foi de permanecer no concreto, no prático, no cotidiano, de modo a encontrar sinais do invisível através do visível. Os infinitos níveis em Shakespeare, por exemplo, fazem de suas obras um arranha-céu.

Mas o que são níveis, o que é qualidade? O que é raso, o que é profundo? O que muda, o que permanece sempre imóvel?

Isso pode nos levar a percorrer juntos muitas formas, em muitas épocas, em muitos lugares. Para começo de conversa, o que é uma palavra?

Se dizemos a um menino "Seja bom", a palavra "bom" tem seu sentido cotidiano, de senso comum. Quando subimos acima do nível do chão, a palavra "bom" nos leva a nuances cada vez mais sutis de bondade. Mais ainda em francês: "*Soyez sage*", dizem os pais a seus filhos, usando "*sage*", uma palavra que remete a sabedoria. Há muitíssimas palavras que contêm tais promessas. Uma noitada "divina". "Divino" pertence ao céu. Usar "divino" de modo informal faz o "sagrado" perder todo o seu sentido.

Nas páginas a seguir, vamos explorar juntos as diferenças às vezes cômicas e frequentemente sutis entre duas línguas que viveram juntas por tanto tempo: o francês e o inglês.

Com Guilherme, o Conquistador, a língua baseada no latim penetrou no inglês e enriqueceu amplamente o seu vocabulário. Para nós, ingleses, a invasão normanda foi uma bênção. Por sua vez, o idioma anglo-saxão, aparentemente, nunca penetrou além de Azincourt. Graças a isso, o francês, com um vocabulário muito menor, tornou-se um veículo para o pensamento puro e claro como o cristal. Devo, porém, alertar o leitor de que todos os comentários sobre a língua francesa neste livro provêm necessariamente de um ponto de vista anglo-saxão.

Depois de quase meio século vivendo na França, quando peço alguma coisa, com clareza, numa loja, a pessoa que me atende tem um pequeno sobressalto e responde imediatamente em inglês. Ou é receio de não entender o estrangeiro, ou então é o desprazer de ouvir sua refinada língua mutilada, suas precisas regras ignoradas. Esse tem sido um ponto de partida para saborear as diferenças entre duas línguas que são como água e vinho.

Ao longo dos anos, sempre me perguntei qual é a misteriosa relação entre uma palavra e seu verdadeiro sentido. As palavras são frequentemente uma necessidade. Palavras, como cadeiras e mesas, são instrumentos necessários para navegar no mundo cotidiano. Mas é fácil demais deixar a própria palavra assumir o primeiro plano. A essência é o sentido. O silêncio já tem um significado, um significado que está em busca de ser reconhecido através de um mundo de formas e sons cambiantes.

Nosso hábito preguiçoso é generalizar. Vamos descobrir que, assim como o átomo – uma vez aberto – contém um universo, do mesmo modo, se nos demorarmos amorosamente no interior de uma frase, encontraremos em cada palavra e em cada sílaba ressonâncias que nunca são duas vezes iguais.

parte
um

palavras
palavras
palavras

Quando juntou duas pedras, friccionando uma na outra de modo a forjar uma ponta afiada capaz de cortar, o primeiro homem pré-Neandertal emitiu um grunhido. Passaram-se séculos e ele, ao mesmo tempo que aprimorava arduamente suas ferramentas, desenvolvia seus grunhidos e rosnados para criar as primeiras formas de fala.

Ele precisava comunicar seus esforços a outra criatura humana. Entre os primeiros fragmentos de significado havia sílabas que correspondiam a "bom" e "não bom". Ao se descobrir que havia muitos passos entre essas duas coisas, elas se tornaram metas, e o caminho entre elas se converteu em "melhor" ou "pior". Com o passar do tempo, a percepção de uma meta, e da longa distância a ser percorrida para chegar a ela, fez de "melhor" ou "pior" um incentivo constante a prosseguir ou uma fonte de raiva e desespero. Melhor ou pior converteram-se em tudo o que era necessário para que a atividade continuasse.

Então, por um milhão de razões, surgiu a religião, e de repente o grande inatingível se converteu em "bom" e "mau". Deus se tornou o inatingível, o mau se tornou o "mal". De "mal" havia apenas um curto e conveniente passo para o

Maligno, o Diabo.[1] Assim, o mal passou a ser encarnado por demônios, e o bem, por anjos que conduziam a Deus.

Disso proveio a mais grandiosa das descobertas humanas, a de que em cada momento, em cada manifestação, em cada forma, em cada ato, "melhor" e "pior" eram os grandes motores da evolução e da transformação.

Então ficou claro que há níveis para todas as coisas. Para o artesão, para o artista, para o contemplativo. A todo momento há a possibilidade de "melhorar" e de um inevitável tropeço – aos poucos, a humanidade se tornou consciente de níveis –, condição simbolizada por uma escada com anjos ajudando o homem a subir e demônios fazendo-o escorregar e puxando-o para baixo.

Hoje, a imagem que se impõe é a do arranha-céu. Às vezes os elevadores funcionam, mas outras vezes (como durante ou depois de um tornado) é preciso subir a pé. O esforço é enorme, cada vez mais penoso, e para cada um de nós há um momento em que nenhum novo esforço é possível. A pessoa olha o número do andar a que chegou e se dá conta de que ele é ínfimo se comparado ao número de andares que falta escalar antes de emergir no pátio aberto na cobertura, com sua visão do céu e sua luz radiante. E a cada andar a visão muda – para melhor: o campo de visão é cada vez mais amplo. Há mais para ser visto e compreendido. É melhor estar bem no alto; pior é estar na escuridão úmida do subsolo.

Agora podemos ver que, em toda atividade na vida, está presente em nós uma percepção de níveis. Não precisamos ir além de uma simples palavra. E, no interior dela, uma escala infinita de mais sutis ou mais grosseiras vibrações, de mais sutis ou mais grosseiros significados.

---

1 No original em inglês, o passo é menor ainda, entre "*evil*" (mal) e "*Devil*" (Diabo). [N.T.]

na ponta
da língua

"*Je ne comprends pas ce qu'il dit. Pas un mot.*" (Não entendo o que ele diz. Nem uma palavra.) Essa reação de alguém da plateia na primeira exibição de nossa primeira produção em Paris, com nosso grupo internacional de atores, me deixou sem fala.

O ator viera até nós da Royal Shakespeare Company com projeção vocal e dicção perfeitamente treinadas. Em pé, atrás da última fileira de poltronas, eu conseguia acompanhar cada sílaba. Se eu podia entender, por que os franceses não podiam? Levei um bom tempo para descobrir a solução desse enigma.

Onde foi que tudo começou? Com a criação em Paris, em 1970, do Centro Internacional de Pesquisa Teatral. Três anos haviam se passado para um grupo composto de atores de muitas partes do mundo, três anos explorando sons com nossas línguas, nossas gargantas e nossos peitos. Nossos idiomas próprios tinham sido postos de lado, ou antes tinham servido como elementos fascinantes de troca – japonês contra bambara, inglês misturado com português, persa ou armênio. Tínhamos retornado às primeiras línguas –

avéstico, grego antigo –, e o audaz poeta Ted Hughes tinha escrito para nós uma nova língua criada por ele, orghast, na qual o sentido de uma palavra era dado unicamente por sua forma e seu som. Nunca trabalhávamos num teatro; atuávamos em situações espontâneas, inesperadas, em lugares que iam de supermercados a antigas ruínas e aldeias africanas.

Retornamos a Paris para reabrir um teatro esquecido, o Bouffes du Nord, e dessa vez as palavras vinham de Shakespeare. Estávamos nos preparando para encenar *Timão de Atenas* em francês. Foi aí que a diferença fundamental entre o francês e o inglês tornou-se, de repente, dolorosamente clara. Um grupo francês estava juntando-se a nós pela primeira vez, e nossos atores estavam fascinados. Para o nosso grupo, era uma experiência nova estar com atores franceses, e todos receberam bem a chance de ser sacudidos de seus hábitos estabelecidos.

O desafio, também, era fascinante. Naquela primeira manhã de ensaios, havia uma mistura interessante sentada em círculo no chão, pronta para trabalhar. Tudo fluiu suavemente, os dois grupos se estimavam e se sentiam gratos um ao outro.

Ao dar início ao nosso Centro Internacional de Pesquisa Teatral, perguntei a minha inestimável codiretora, Micheline Rozan: "Onde posso encontrar um escritor para trabalhar conosco que não queira impor sua própria visão? Shakespeare nunca impôs, mas quem não imporia hoje?". Ela respondeu: "Você precisa conhecer Jean-Claude Carrière".

Quando conheci Jean-Claude, houve uma amizade e um entendimento imediatos. Toda a sua experiência vinha do cinema, de escrever roteiros com diretores como Buñuel, de modo que ele sabia que um escritor é necessário numa equipe. Convidei-o ao nosso grupo internacional para assistir a exercícios e improvisações. Em pouco tempo, ele estava participando deles. Para *Timão*, pedi-lhe que criasse um novo texto em francês.

Em todo o seu texto, Jean-Claude buscou a clareza e reagiu contra as acrobacias dos tradutores de Shakespeare, que davam nós na linguagem em suas tentativas de preservar as complexidades do original. Isso vem de uma ideia profundamente arraigada de que "poético" significa uma linguagem "floreada", a meio caminho do canto. As frases mais formidáveis de Shakespeare são simples e fluem naturalmente. Jean-Claude tentou encontrar um meio de ser fiel à pureza e limpidez dos melhores poetas franceses, cuja linguagem nunca é poética, numa tentativa autoconsciente de ser literária. Assim, ele salpicou seu texto com palavras que transportam facilmente o pensamento e, no entanto, são transparentes: "*rayonnants*" (radiantes), ele as chamava. Cabia então ao ator, por meio de sua presença imediata, acrescentar a dimensão – o ritmo e a música de uma frase – que inevitavelmente se perde na tradução.

Quando começamos a trabalhar em nosso novo espaço, eu frequentemente tinha que interromper os atores franceses. "Vocês estão atuando depressa demais", eu lhes dizia. "Em Shakespeare, não é somente a ideia que move a gente, são os meios-tons sutis que precisam de tempo para vibrar através de cada palavra. Não tenham pressa! Ouçam como os atores ingleses seccionam cada frase." Os atores franceses começaram a falar mais devagar, e essa foi nossa ruína.

Eu não tinha percebido que, se em inglês nós falamos palavras, os franceses falam pensamentos. Um pensamento é um lampejo instantâneo, rápido demais para nossos meios de percepção habituais. Um pensamento é inteiriço – se for seccionado, perde seu significado. É por isso que o francês é tão rápido, tão ágil, tão leve – a expressão de uma inteligência aguda como um florete. Um pensamento é um todo. De acordo com as regras da gramática francesa, cada oração tem que ser concebida por completo antes de ser emitida. As questões de gênero, masculino ou feminino, de verbos, no singular ou no plural, já estão resolvidas, e a frase é pronunciada com a precisão de uma fórmula matemática. Não há espaço para improvisação alguma.

Podemos experimentar isso de modo muito simples. Tomemos como exemplo um provérbio qualquer que nos venha à mente. Um provérbio é uma frase feita, um *ready-made*; está inscrito em nós desde a infância como um pensamento completo. "Duas cabeças pensam melhor do que uma." "Cozinheiros em demasia estragam a sopa." "Mais vale um pássaro na mão do que dois voando." Se fragmentarmos a frase – mais vale, *pausa*, um pássaro, *pausa*, na mão –, ela se torna tão desajeitada que deixa de fazer sentido.

Os franceses são treinados para saber o final de qualquer oração antes de iniciá-la, e até mesmo o final de um parágrafo completo. Um orador culto pode ter aquilo que falou transcrito e impresso sem necessidade de correções. No inglês falado, é natural hesitar e gaguejar desde a primeira palavra, à medida que tateamos nosso caminho rumo ao que queremos dizer. No entanto, se as mesmas palavras e imagens fizessem parte da tarefa de um ator numa peça de Shakespeare, como *Trabalhos de amor perdidos* ou *Noite de reis*, o exato oposto seria verdadeiro. Um ator não deve hesitar e gaguejar, mas deve sempre, a cada apresentação, voltar ao estado de não saber o que vem em seguida. Assim, as falas mais gastas, como "Ser ou não ser", renascem a cada vez.

Em francês, a melodia passa através das vogais, ao passo que em inglês o elemento propulsor é a consoante. O inglês tem uma ampla gama de tons que emergem naturalmente. Por sua vez, o francês é quase todo numa nota só: isso não resulta em monotonia – ele tem sua própria música sutil.

Segure um lenço de papel aberto diante da boca. Agora, diga "p... t..." numa frase em francês – por exemplo, "*Il faut partir*" (é preciso partir) –, e o papel mal se moverá. O som é "Il ...au arir", com um "p" quase inaudível, mas os franceses saberão instintivamente qual é a frase. Diga com firmeza em inglês "*PuT it on ToP*" (coloque no alto), e o papel estremecerá. Esse é o segredo.

Um exemplo ainda mais vívido da natureza percussiva das consoantes está num verso dos sonetos de Shakespeare – "*When I do count the clock that tells the time*" (Quando conto as horas que o relógio dá) –, em que o "c" é como um "k", depois vem o "t", em seguida o "c" de novo, depois o "ck", depois o "t" e por fim o "t", perfazendo um perfeito e evocativo tique-taque.

Em outro soneto de Shakespeare – "*Devouring Time*" (Tempo devorador) –, "*devouring*" precisa de uma série plena e livre de movimentos de boca e bochechas. Se elas ficarem inertes, essas sílabas se achatarão num único som. Se sentirmos a sutil diferença de som entre um "d", um "v" e um "r", poderemos então sentir o clímax do toque do "g". Então, o "t" de "*time*" deverá vir de um novo ataque. Está entre duas consoantes, lado a lado, e precisa haver a pausa mais minúscula – como a respiração de um fantasma.

sea bells[2]

Viajamos num avião da Air France e ouvimos o comissário de bordo dizer *"fussyerseabells"*.[3] *"Sea bells"* (sinos do mar) podem nos fazer sorrir ou imaginá-los dobrando por nós enquanto afundamos no Atlântico. Mas, na verdade, levaria apenas alguns minutos de instrução para que pilotos e equipes de bordo se tornassem compreensíveis – e que evitassem também dizer *"lyedeezanjentlmn"*.[4]

Uma frase descontraída de um escritor do século XVIII, Laurence Sterne, é uma expressão imediata da diferença entre inglês e francês: "Um nanico, pequeno, vivaz sujeito...". A ordem das palavras não poderia ser adotada em francês – seria totalmente ilógico. Se a frase for pronunciada, os deslocamentos inesperados de "pequeno" para "nanico" e de ambos para "vivaz" precisam ser saboreados. Não pode

---

2 Literalmente, "sinos do mar". A tradução manteve a forma original em inglês devido ao jogo de palavras que se verá em seguida. [N.T.]
3 Corruptela da frase padrão em inglês *"fasten your seat belts"* (apertem os cintos). [N.T.]
4 Corruptela de *"Ladies and gentlemen"* (senhoras e senhores). [N.T.]

haver uma única leitura correta – incontáveis novos padrões podem aparecer se o inesperado for degustado no momento da fala.

Ceder à tentação de identificar com precisão e, em seguida, se prender a uma definição fechada é o que torna insípidas tantas atuações em ambas as línguas, muitas vezes com textos de qualidade. É aí que um ator deve ir muito além da técnica e dos métodos e tornar-se sensível aos sabores das letras, à medida que elas mudam constantemente de lugar, deleitando-se no detalhe e no minidetalhe cambiantes, no modo como a tônica principal e o que é enfatizado estão sempre em movimento, em alta velocidade. Então, o ator se liberta de regras e obedece a uma disciplina muito mais rigorosa, ao reconhecer que o que é certo muda o tempo todo quando se saboreia a emoção do significado.

Havia um ator de destaque em Praga que veio à Inglaterra para fugir da invasão nazista. Um de seus papéis célebres era Otelo, e ele desejava muito representá-lo em inglês. O Old Vic lhe deu a oportunidade. Na maior parte do tempo sua pronúncia não fazia sentido, mas isso não importava, já que todo mundo conhecia a peça. No entanto, havia um momento de total incompreensão, quando ele rugia *"Dammaloodminkdamma"*. Acabamos nos dando conta de que ele queria dizer *"Damn her, lewd minx, damn her"* ("Maldita seja, mundana lasciva, maldita seja"). Ainda assim, ele tinha força e presença, um caso raro em que, por um momento, a articulação não importava. A paixão varre todas as regras.

Quando estudava um novo papel, especialmente em Shakespeare, Laurence Olivier trabalhava durante semanas seus músculos faciais. Tomando o trem entre Brighton, onde morava, e Londres, ele segurava por quase uma hora um exemplar do *The Times* diante do rosto, dando a impressão de que estava lendo as notícias. Mas na verdade estava fazendo sua língua, seus lábios e suas bochechas moldarem-se em torno das palavras que ele tinha memorizado. Se baixasse o jornal, seus companheiros de viagem veriam uma sucessão extraordinária de caretas. Mas Olivier sabia que estava treinando seus músculos para que os movimentos se tornassem uma segunda natureza e dessem forma às mais sutis intenções quando ele atuasse. Ele não precisava falar com lentidão e cautela para articular. Simplesmente tudo parecia vivo e verdadeiro.

No que diz respeito ao francês falado, a maior expoente de nossa época foi a excelente atriz Madeleine Renaud, esposa de Jean-Louis Barrault. Era capaz de falar na velocidade da luz e, ainda assim, deixar que a individualidade absoluta de cada palavra fosse sentida e compreendida pelo ouvinte. Beckett escreveu para ela *Pas Moi* (*Eu não*), que demanda velocidade e destreza na qualidade sutil de seus detalhes. Madeleine conseguia a espantosa proeza de falar como uma metralhadora dentro do ritmo, mas sua língua era tão ágil, seu pensamento tão vívido, que em alta velocidade ela era capaz de trazer incontáveis nuances delicadas ao fluxo dinâmico do pensamento de Beckett. Era uma atriz assombrosa, de puro virtuosismo, só comparável ao modo como um violinista pode tocar em velocidade extrema com uma calma e um controle que não deixam escapar nenhum detalhe.

Um ritmo no movimento, na música e na fala é indefinível, como a própria corrente da vida. Vem do espaço que só o relaxamento pode trazer. Quando um acrobata está no trapézio, seu corpo, sua mente e seus sentimentos devem estar calmos e livres. Então, no breve momento em que já deixou uma barra e está solto no espaço, ele pode estender calmamente a mão e agarrar o outro trapézio. Se houver o mínimo temor, a mínima tensão, se ele esticar o braço um milésimo de instante cedo demais ou tarde demais, os dedos vão deixar escapar o trapézio e ele cairá. Mas, se estiver realmente calmo, ele voará, e voaremos com ele.

dou minha palavra

Um fenômeno curioso emerge quando alguém com certa familiaridade tanto com o inglês como com o francês faz uma pausa e, em sua própria língua, pergunta: "Como é que vocês dizem tal ou qual coisa?". Com muita frequência, é quase a mesma palavra! É como se a mente recusasse essa situação – é tão óbvio que não pode ser verdade. E isso põe em relevo um obstáculo constante.

Há muitas palavras que são quase idênticas, mas não têm o mesmo significado. A substância básica é a mesma, só que o significado pode assumir infinitos matizes e nuances quando elas são faladas. Há incontáveis exemplos, alguns cômicos, outros causadores de graves mal-entendidos, mas não é intenção deste trabalho fazer uma lista deles. Precisam ser descobertos por tentativa e erro. Um exemplo salta à mente. "Não estou bem" – que origem, que imagem pode ter produzido esta expressão estranha mas corriqueira dos franceses: *"Je ne suis pas dans mon assiette"* (Não estou no meu prato)? Quando, como e por que essa expressão culinária pôde surgir?

"Pourquoi?" e *"Why?"* (Por quê?) podem parecer idênticas. O sentido é exatamente o mesmo. Mas não o som. *"Pourquoi?"*

é uma interpelação, o interlocutor está apontando um dedo a você e pedindo uma explicação. "*Why?*" é feita de ar – o som do "y" no final deixa a pergunta em aberto.

O inglês tem hoje uma liberdade em relação a regras acadêmicas que lhe permite usar não apenas gíria norte-americana, mas também o linguajar das ruas. O francês também teve essa textura rica na língua que provinha da Idade Média, em Rabelais e em Villon, mas a Idade da Razão mudou tudo isso – a Académie Française se ergueu para estabelecer regras invioláveis; até hoje, uma elite altamente valorizada se encontra semanalmente sob a cúpula de seu ilustre edifício para enrijecer as regras e discutir quais as novas palavras que podem ter permissão para penetrar no idioma.

"*Une femme blonde*" (uma mulher loura) é um som, um pensamento. Quando um substantivo vem antes de um adjetivo, é o substantivo que interessa – o adjetivo é o ornamento. Em inglês, a ordem propicia suspense e surpresa: "*A fair-haired*" (de cabelo louro)... *pausa*... um rapaz? Uma garota? Uma senhora? Ou então: "*A dreadful*"... *pausa*... Mil possibilidades estão tentadoramente abertas. Uma terrível... tempestade? Uma terrível... discussão? Uma terrível... refeição? Isso deixa o interlocutor ligado.

A definição essencial de uma palavra em francês é de que ela seja a *mot juste* (palavra justa) – nada mais nada menos do que aquela que transporta o sentido para a palavra seguinte, e que faz isso melhor quando em alta velocidade. Um inglês, ao falar francês, precisa exercitar a rapidez sem perder os detalhes. Tomemos um pensamento completo, um pensamento complexo, do famoso poeta francês Verlaine: "*Dans le vieux parc solitaire et glacé,/ Deux formes ont tout à l'heure passé*" (No velho parque solitário e gelado,/ Duas formas acabam de passar.) Uma imagem – e a frase é como uma única palavra.

Para nós, a *mot juste* é cheia de perigos. Há incontáveis exemplos, mas um vem à mente de imediato. "*Quite*." No inglês britânico, é um modo ligeiramente depreciativo de dizer "não muito". Mas no inglês norte-americano é o contrário. Uma vez, fiz um teste com um ator em Nova York e achei-o muito interessante. Perguntei imediatamente ao produtor do nosso espetáculo, que também tinha visto o ator muitas vezes, o que ele pensava. A resposta me pareceu morna: "*He's quite good.*" Então, continuei procurando e encontrei outra pessoa, que se revelou muito decepcionante. Só mais tarde, muito mais tarde, descobri que, para os norte-americanos, "*quite*" é um superlativo. "Ele é mais do que bom", o produtor estava me dizendo. Mas àquela altura era tarde demais: eu já substituíra o ator. Quando os franceses dizem que alguma coisa não é ruim, usam um adjetivo espantoso – "*pas terrible*", dando a entender, em outras palavras, que o pior foi evitado.

Em francês, há uma palavra do dia a dia que é idêntica em outras línguas – "*défendre*" (defender). Mas no teatro francês há um sabor especial conferido a essa palavra. Um ator a quem se oferece um novo papel pode dizer: "*Est-ce qu'il y a avec quoi me défendre?*" (Ele me dá o que preciso para me defender?), o que sugere um aspecto da grande incógnita: o que é um ator? Falando de modo geral, um ator não quer que seu eu interior seja visto; por isso, ao longo dos séculos, figurinos, perucas, narizes falsos e maquiagem têm estado aí para capacitar o eu interior a se defender dos olhos curiosos. "*Est-ce qu'il y a avec quoi me défendre?*" Hoje em dia isso está começando a ceder, camada por camada, até que, em alguns momentos puros de entrega, a personalidade – e mesmo a pessoa – do ator fica transparente, e uma verdade humana é revelada.

Vou me limitar a citar uma palavra usada com muita frequência em francês, que é especialmente intrigante: "*normalement*" (normalmente). Ela parece expressar um traço antirracionalista que os franceses só admitiriam a contragosto. "*Où est l'église?*" (Onde fica a igreja?), "*Où est la gare?*" (Onde fica a estação?) ou "*le café*" (o café). "*Normalement*", diz a resposta, "*vous descendez la rue, vous tournez à droite et normalement c'est sur votre gauche*" ("Normalmente, você desce a rua, vira à direita e normalmente o local fica à sua esquerda"). Uma extraordinária insinuação de que estamos vivendo num mundo anormal, onde durante a noite as coisas podem ter sido movidas misteriosamente para o outro lado da rua. O uso comum e cotidiano de "*normalement*" é como se ainda trouxéssemos em nós lembranças de um mundo pré-cartesiano, em que o anormal tinha seu lugar.

parte dois

da alvorada ao crepúsculo

D. H. Lawrence usava as palavras "manhãs no México" para expressar o sabor de uma experiência cotidiana, mais vívida no México do que em qualquer outro lugar. Cada manhã começa com a beleza do nascer do sol, a esperança de novidade, de renascimento. Então, à medida que o dia avança, todas as velhas dores, raivas e pressões reaparecem: as armas são empunhadas, e o final do dia pode facilmente ser uma explosão de violência ou retornar ao cansaço, à frustração, com a esperança do amanhecer afundando no cinzento fim do dia.

Esse ciclo está presente, frequentemente sem ser visto, em toda atividade humana.

Um dia em Paris, logo após a abertura do Bouffes, um homem veio me procurar com uma história estranha. Assim como nós, ele também tinha feito parte dos eufóricos *happenings* de 1968, junto com diversos atores franceses com quem vinha trabalhando como diretor. A veemência do questionamento do sentido das atividades culturais os deixara profundamente mexidos. Noite e dia eles se sentavam juntos, tentando reavaliar suas vidas e o sentido de sua profissão. Quando o período mais dramático chegou ao fim, tendo sido restaurada a ordem e a maior parte da França tendo partido para suas férias de verão, o grupo dele estava determinado a manter o fervor das semanas anteriores, nas quais tanta coisa tinha sido posta em questão. Todos decidiram se mudar coletivamente para Genebra, para uma casa abandonada às margens do lago Léman, onde, enquanto se empenhavam para tornar o lugar habitável, eles prosseguiram com suas discussões. O que é o teatro? O que é um grupo de teatro? Como uma pessoa deve levar sua vida?

Noite após noite eles se debatiam com essas vastas questões. Aos poucos, se convenceram de que sua primeira necessidade era ter um espaço de atuação deles próprios. Isso levou a outro período de interrogações radicais, que começou com uma rejeição de todos os tipos existentes de edifícios de teatro e terminou com a convicção de que, para um novo trabalho, precisavam projetar e construir algo completamente novo. Assim sendo, trocaram ideias e juntaram recursos: um vendeu seu apartamento, outro emprestou dinheiro dos pais, e gradualmente eles levantaram uma soma bastante substancial de dinheiro. Isso lhes possibilitou sonhar com ousadia, de modo que eles traçaram planos para uma cúpula desmontável e transportável que poderia se adaptar a todas as circunstâncias – de peças intimistas a concertos de *rock*. Com seu dinheiro, compraram ferramentas e matérias-primas, e converteram em oficinas os telheiros e galpões da sua casa suíça.

No início, eram totalmente desprovidos de habilidades manuais, mas, por pura determinação, tornaram-se artesãos talentosos, aprendendo todas as técnicas de que precisavam, da dobradura do aço à junção de madeira com plástico. Isso lhes tomou dois anos, mas nunca perderam o ânimo, e a qualidade humana de suas relações pessoais cresceu a cada obstáculo superado. Chegou o dia em que estavam prontos para juntar as unidades separadas, e fizeram uma primeira tentativa num terreno para acampamento nos arredores de uma cidade do interior da França. Quando viram que a cúpula poderia ser erguida conforme tinham planejado, eles abordaram as autoridades numa das portas de Paris, pedindo permissão para instalar sua construção num terreno baldio. Estavam prontos para apresentar sua primeira série de espetáculos teatrais. Era ali que estavam instalados agora. Quando terminou de me contar essa história épica, o diretor me convidou a voltar junto com ele para conhecer seu grupo. Aceitei na hora.

Era final de novembro. Quando chegamos ao subúrbio de Paris, a noite estava caindo com aquele tom cinzento que nos diz que a neve se aproxima. A cúpula estava no lugar, mas o esqueleto estava coberto apenas parcialmente por suas lonas plásticas. Vários rapazes e moças trepados em escadas trabalhavam num ritmo febril, enquanto do lado de dentro a atividade se fazia na mesma velocidade inebriante. Eu me sentia desconfortável por não estar em condições de ajudar, especialmente depois que me disseram que precisavam correr para concluir os trabalhos antes que o mau tempo tornasse o trabalho impossível. No entanto, eles faziam com que eu me sentisse bem-vindo, e, quando, já muito tarde, a equipe concordou em fazer uma pausa, fui convidado a jantar com eles num pequeno bistrô nas proximidades. Era uma mesa comprida, em torno da qual eles se espremiam, o cansaço lhes dando novas energias, de modo que havia muito barulho, risos e vinho. Fiquei mais uma vez impressionado com a maneira como o trabalho árduo faz desabrochar as personalidades e cimenta um grupo. Ali, pensei, ao deixar o canteiro de obras, estava um bando de jovens apaixonados pelo teatro, que tinham encontrado verdadeiramente seu próprio caminho e para os quais os eventos de 1968 tinham um significado real. Quando acabou a refeição e a hilaridade baixou, fiz muitas perguntas, que por sua vez suscitaram relatos heroicos e cativantes de suas aventuras.

"E agora?", perguntei.

"Agora?"

"Sim, agora", continuei. "Qual será a primeira produção de vocês? O que vão encenar?"

Mesmo agora, quando escrevo, a realidade dessa história me parece fictícia, mas de fato minha pergunta produziu um estranho silêncio. Todos se viraram para o diretor, que imediatamente mandou a pergunta de volta para a equipe; a convicção deles sumiu, a firmeza de propósitos, que era inseparável de seu trabalho na construção, pareceu não ter mais lugar. Um deles falou de modo hesitante sobre espetáculos para crianças, outro sobre manter o lugar ativo durante todo o dia. "Temos algumas ideias", disse um terceiro. "Estamos trabalhando nelas", disse o diretor. Não insisti na pergunta, e a noite retomou seu clima amistoso. Alguns meses depois, por acaso, topei com o diretor. Quase não o reconheci, pois todo o seu entusiasmo tinha desaparecido. Ele me contou que, uma vez concluída a construção, a tensão afrouxou, e os laços que tinham mantido o grupo tão fortemente unido se desfizeram. Reconheceu que eles não foram capazes de se converter de hábeis artesãos em atores com algo a dizer. Tentaram montar um espetáculo, mas não sabiam que tinham perdido de vista sua meta. O grupo rachou, se dispersou, a cúpula foi abandonada e o sonho acabou. Olhando retrospectivamente, o diretor se deu conta de que eles precisavam primeiro descobrir por tentativa e erro, atuando para uma plateia, o que o teatro significava para eles e o que desejavam expressar. Teria sido necessário, ele agora percebia, um longo período de experiências em todo tipo de espaço improvisado. Só então eles poderiam ter começado a projetar um espaço que fosse um resultado natural e orgânico do seu trabalho, que correspondesse a suas necessidades e que eles poderiam ter preenchido. Ao colocar a forma antes do conteúdo, o objetivo deles foi solapado desde o começo. Aqui devo enfatizar que meu alvo não são os franceses – pelo contrário, muitas vezes na Inglaterra falei com arquitetos que construíam novos teatros a partir da forma e da geometria de que gostavam, em vez de começar da experiência viva e das formas que pudessem melhor lhes servir. O que vem na frente: o carro ou os bois?

Essa história infeliz me assombra desde então. Ela mostrou de modo agudo a frequência com que em qualquer atividade, por mais admirável que seja o objetivo, alguma coisa essencial está faltando porque a visão é incompleta, e o carro está sendo colocado diante dos bois. É o eterno problema de começar com uma forma, em vez de procurar o sentido. Só assim as formas podem emergir e encontrar seu lugar. Quantas vezes temos visto isso no ciclo de todas as revoluções – sociais, políticas, artísticas, pessoais: uma primeira sensação de alvorecer, de primavera, que é cruelmente seguida pelo novo fechamento gradual da boca devoradora contra a qual se lutou com tanto idealismo. Todas as formas são degraus para se chegar ao sentido. E o sentido é o eterno graal que inspira a busca.

intuição
sem forma

Era uma época em que aconteciam coisas, e mesmo hoje não sou capaz de compreender como ou por quê. Minha convicção, que durou até hoje e ainda está comigo, é de que – embora devamos examinar exaustivamente todos os aspectos de uma decisão e, se for uma decisão ruim, cair fora enquanto é tempo –, no final das contas, não fazemos escolhas. A escolha certa se impõe por si própria.

Um amigo meu perguntou a um astro do futebol o que havia sentido ao marcar o gol da vitória numa partida. Ele respondeu: "Puro espanto. Não sei como aconteceu".

Preciso agora mergulhar fundo no passado para lembrar como foi que experimentei o mesmo momento de espanto que tem guiado minha vida desde então. Tendo ouvido de um garboso produtor de cinema italiano que ninguém confiaria a alguém com menos de 40 anos a responsabilidade de ser diretor, eu me vi, aos 33, como diretor de produções no Covent Garden, sem nenhuma experiência em ópera e com a empolgante tarefa de começar montando a mais difícil de todas, *Boris Godunov*. Ao entrar naquele venerável edifício, não me dei conta de que, nas semanas seguintes, eu viveria uma iniciação ao mistério que o incidente narrado a seguir pode ajudar a revelar – o mistério que passei a chamar, desde então, de "intuição sem forma". Eu me preparei, ensaiei, batalhei para encontrar meu caminho naquela nova forma. Então, de repente, chegou a noite da estreia. Aí o processo começou com o que era um verdadeiro ritual: tomar um banho, empoar-me de talco, barbear cuidadosamente o queixo para não deixar nem sombra, vestir então a camisa branca imaculada, as abotoaduras, os suspensórios, a gravata-borboleta e o desconfortável paletó chamado de *smoking*, de modo a desaparecer na multidão de figuras trajadas semelhantemente, cujas silhuetas negras eram necessárias para realçar o esplendor do suntuoso vermelho e da douradura reluzente do auditório.

Deitado em minha banheira, eu repassei mentalmente os ensaios, os complexos efeitos cênicos que meu amigo Georges Wakhevitch havia concebido e, acima de tudo, as cenas de multidão. Era minha primeira experiência dirigindo multidões – os camponeses famintos da primeira cena, os movimentos selvagens e ferozes da revolução no final –, evidentemente com estáticos coristas que não estavam habituados a se mover, mas também, trazidos para a ocasião, soldados dos quartéis mais próximos, contentes em ganhar uma ou duas libras – e até mesmo um cavalo.

Mais importante era a segunda cena, a Coroação, quando o protagonista – o astro, Boris – faz sua primeira aparição, descendo por um tapete vermelho que cobre uma vasta série de níveis que o nosso cenógrafo tinha concebido para sugerir as ruas de Moscou que conduzem à praça Vermelha, para ser aclamado pelo povo. Eu a organizei como uma manobra militar.

Levou dias para elaborar um padrão intrincado – filas de um lado cruzando-se com outras de cima, de baixo e do lado oposto, assumindo sua posição antes que o novo Czar começasse a sua descida. De algum modo, nunca parecia estar certo. Eu voltava ao problema dia após dia. Agora vejo que aquela aflição era necessária.

De repente, quando minha mente estava ocupada em não cortar meu queixo com as lâminas de barbear da época, ficou claro como cristal. Com o rosto ainda coberto de espuma de barba, corri para o telefone: "Cliff!", eu disse para o contrarregra. "Rápido! Vá até os camarins, fale com cada pelotão. Diga a A para não seguir B, mas esperar por D, enquanto C deve começar quando eles estiverem no meio da descida, e B então possa seguir."

Um minúsculo momento de silêncio e em seguida um brado bem alto: "Você está louco! Estão todos se vestindo! A cortina vai se erguer em uma hora!".

Insisti. "Estou seguro. Vai funcionar como um relógio."

"Eu me recuso", disse ele. "Se uma fileira se atrasar, Boris será obstruído pela multidão. Ele não vai conseguir cantar. A música vai parar, o maestro vai ter um ataque."

Todo o meu trabalho até então se baseara na calma, no discurso manso e persuasivo. Mas, no mundo da ópera, eu já tinha aprendido que só os métodos autoritários funcionavam. Cliff era altamente tarimbado, respeitado, tinha o dobro da minha idade. Entretanto, eu sabia que me utilizar da hierarquia seria a solução. "Faça o que eu mandei!", gritei, e desliguei o telefone. Enxugando o rosto, atando e desatando a gravata com dedos trêmulos até que ela se tornou um elegante laço preto, corri para a rua, tomei um táxi que estava passando e me instalei no meu assento no teatro no exato momento em que subia a cortina.

A primeira cena transcorreu bem, então os grandes sinos do Kremlin soaram no fosso da orquestra e a cortina subiu de novo, mostrando a gigantesca escadaria de Wakhevitch. Com as primeiras notas, o coro começou a entrar, preparando a cena para a aparição do astro. De um lado os cidadãos excitados, do outro os solenes boiardos, em seguida as fileiras de soldados – uma rica e complexa tapeçaria de quase uma centena de figuras moventes se desenrolava. Infelizmente, a música já estava inscrita profundamente em minha memória, e a cada compasso que passava eu podia calcular quanto tempo restava e quantas fileiras de procissão ainda precisavam aparecer. Nunca voltei a experimentar um momento de terror como aquele. Queria gritar: "Andem mais depressa! Assim não vão conseguir!". O pior de tudo é que eles estavam entrecruzando a própria fila que Boris tinha que seguir para chegar a seu pódio de honra.

Fui me convencendo cada vez mais de que Cliff, com seus anos de experiência atrás de si, tinha visto as coisas com clareza. Eles não conseguiriam fazer tudo a tempo. Eu antevia todas as possibilidades. Um congestionamento humano no meio do palco. Um furioso baixo-barítono abrindo caminho às cotoveladas entre seus súditos para cantar sua nobre ascensão ao posto de czar ou então, enlouquecido com a sabotagem de sua primeira aparição londrina, saindo impetuosamente do palco, seguido por um séquito de agentes incrédulos a caminho de seu camarim.

E então... enquanto soavam os últimos compassos, como que por mágica, os últimos homens da guarda chegaram ao seu lugar, Boris já estava descendo a escadaria real e, como um refluxo de maré, a última multidão de coristas se abriu. Ele galgou os degraus do seu púlpito carmesim e, quando desceu a batuta do maestro, entoou uma suntuosa primeira nota. Dali em diante, para mim, uma intuição passou a fazer mais sentido que o senso comum.

Nunca acredito em elogios e também nunca aceito receber o crédito pelo resultado. Sei, sem a menor sombra de dúvida, que ele é o produto final de longos e árduos esforços compartilhados por todos os membros da equipe. Só então o terreno está preparado para que surja a ação isenta de esforço. A confusão se dissipou. Um espaço é necessário. Um espaço vazio.

quando um espaço não é um espaço?

Não faz muito tempo, um crítico renomado escreveu, depois que eu trouxe uma nova produção a Londres: "Quando entramos no teatro, vimos um espaço vazio. Ai, que preguiça!" Sempre levo a crítica a sério. Com certeza está na hora de lançar um novo olhar a estas duas palavras simples – "vazio" e "espaço".

De início, elas pareciam se aplicar ao lugar onde atuamos, nosso *playground*. A tradição e hábitos estabelecidos há muito tempo o haviam abarrotado desordenadamente: imagens demais, decoração demais, excesso de mobília e de objetos de cena. Isso tudo congestionava e obstruía a imaginação.

O vazio era um ponto de partida, não por ele próprio, mas para ajudar a descobrir, a cada vez, o que era de fato essencial para amparar a riqueza das palavras e a presença do ator.

Em nossos dias, esta batalha tem sido amplamente vencida, embora formas e sons eletrônicos estejam ávidos por invadir a cena. Mas o atulhamento está mais escondido. Está no interior dos próprios temas – e no interior do ator. Raiva, violência, histeria, náusea e desespero – essas coisas são tão reais que precisam ser expressas de modo vigoroso, ardente. Mas a luz numa tela preta só reflete o negrume. É no negativo que um espaço vazio deve ser encontrado.

Hoje em dia, o vazio é um desafio desconfortável para o diretor e para o escritor, bem como para o ator. Pode um espaço ser deixado aberto, para além de tudo o que a gente pensa, acredita e deseja afirmar? Cada página das peças de Beckett é iluminada por parênteses em torno da palavra "pausa". Tchekhov indicava o espaço em que o inexprimível podia aparecer – com reticências... E Shakespeare cercava cada fala com espaço. O teatro existe para que o não dito possa respirar e uma condição de vida possa ser percebida, dando uma motivação para a luta sem fim.

A mais refinada expressão do vazio é o silêncio. Há raros momentos no teatro em que um sentimento profundo, compartilhado pelos atores e pelo público, arrasta tudo para um silêncio vivo. Esse é o raro, o supremo espaço vazio.

—

John Osborne me disse uma vez: "Um artista tem sempre que ir contra a maré". Penso que essa é uma verdade essencial, mas gostaria de fazer um acréscimo: um artista tem que ir, ao mesmo tempo, a favor da maré e contra ela. Não é tão fácil. Se no teatro a gente não vai a favor da maré, perde o contato, não fala a linguagem do momento.

Seguir a corrente não é muito difícil – a maré é poderosa, e é fácil deixar que ela nos leve consigo. Mas ir contra a maré é muito difícil. Antes de tudo, é preciso reconhecer com muita exatidão o que é a maré e para onde ela está indo.

Por exemplo, numa época em que todo mundo vem sendo entorpecido há tanto tempo por horrores, ainda é possível horrorizar? Quando cada tela e tantas esquinas estão ensopadas de sangue, será que molho de tomate causa algum efeito? Sessenta anos atrás, as plateias londrinas de *Titus Andronicus* desmaiavam todas as noites, e uma ambulância do St. John ficava de prontidão. Uma minúscula cena de tortura numa peça de Jean-Paul Sartre fazia o público gritar. Houve uma época em que a própria palavra "sangrento" tinha o seu impacto.

Se reconhecemos que temos sido embotados por táticas de choque, que nenhum escândalo é escandaloso, precisamos então encarar o fato de que o teatro, especialmente para seus escritores e diretores, está perdendo subitamente sua arma mais confiável. Num momento em que temas sociais e políticos são o que deveria – o que precisa – nos preocupar diretamente, como podemos escapar da banalidade do óbvio, da retórica da indignação, da ingenuidade do protesto?

Quando os tempos são negativos, só existe uma corrente que vai secretamente contra a maré: a positiva. A própria vagueza da palavra gera uma reação negativa e mostra como ela é difícil de detectar. Mas, a menos que seu murmúrio seja ouvido, não por meio de platitudes, não por meio de discursos nobres de pregadores, mas através de uma realidade que gente viva do teatro possa trazer, ela não tem função alguma. Precisamos entrar no "Não" para encontrar o "Sim". Como?

Se alguém arriscar uma resposta, ela será imediatamente suspeita. Mas devemos enfrentar a charada.

No teatro, temos rejeitado acertadamente ideias cômodas e degradadas de beleza, harmonia, ordem, paz, alegria. Agora, de modo experimental e direto, em nossos espaços, precisamos redescobrir o que esses valores convertidos em clichês continham em outros tempos. Um choque que desperta nossa indignação é confortável e esquecido com facilidade. Um choque que nos abre para o desconhecido é outra coisa, e nos faz sentir mais fortes ao sair. O *mainstream* – a corrente dominante – não deve ser desprezado, ele tem uma grande vocação. Mas para ir contra a maré, só dispomos de um instrumento patético, o ser humano. Encontrar as correntes vitais escondidas nesta miséria é uma tarefa formidável.

—

Ao encenar uma peça sobre conflito e violência, com muita frequência ouço a mesma pergunta idiota: "Você acha que pode mudar o mundo?". Hoje, eu gostaria de dizer: "Sim, podemos mudar o mundo". Mas não da maneira antiga, como políticos, ideólogos ou militantes tentam nos fazer acreditar. O negócio deles é nos contar mentiras. O teatro é, ocasionalmente, capaz de momentos de verdade.

Se formos supremamente ambiciosos e supremamente modestos, veremos que muita coisa é possível. Há uma lei dos números. Um grupo minúsculo num espaço minúsculo pode criar algo inesquecível. Quando há mais gente, há mais vitalidade; pode haver uma energia vibrante. Este mundo, limitado no espaço e no tempo, pode ser mudado, e às vezes de modo tão inesquecível que pode mudar a vida de um indivíduo.

As tribos, os rebanhos de animais humanos, foram feitos para trabalhar em conjunto. E, no entanto, meu pai me disse quando eu era muito jovem: "Se dois sobreviventes de um naufrágio fossem parar numa ilha deserta e fizessem um parlamento, um deles ficaria à direita e o outro à esquerda".

No pequeno mundo do teatro há rivalidades, ódios, baixezas, rixas... mas é perfeitamente possível ir contra a maré. Com um objetivo compartilhado, necessidades compartilhadas, amor compartilhado por um resultado teatral compartilhado, desde a criação de espaço... até a consecução conjunta de um clímax de *performance* coletiva, repetido infinitamente, de novo e de novo, algo especial pode surgir. Estar juntos, trabalhar juntos, converter um amontoado confuso de espectadores misturados aleatoriamente numa unidade chamada "plateia" torna isso possível, ainda que por um tempo curto, para indivíduos que mais do que nunca estão, cada um, num mundo confuso e caótico deles próprios – esses mundos podem ser mudados. Toda forma de teatro tem algo em comum com uma visita a um médico. Ao sair dela, o sujeito deve se sentir melhor do que quando entrou.

parte
três

arranha-céu

"Palavras, palavras, palavras." Precisamos delas. Não há outra saída. Elas nunca são o fim de alguma coisa, mas um começo, e cada palavra que encontramos em Shakespeare é um ponto de partida.

No momento em que alguém diz "Shakespeare achava", "Shakespeare dizia", estamos simplesmente reduzindo a um nível banal o maior mistério, o maior enigma de todos os tempos na literatura. Estamos tentando convertê-lo em alguém que nos diz o que devemos pensar e sentir a respeito de política, religião, humanidade, em todos os níveis. Mas, se olharmos de modo mais simples, veremos que não há em parte alguma vestígio do ponto de vista do próprio Shakespeare, exceto em sua obra muito especial, os *Sonetos*. Como num diário, ele expressa certos temas precisos que estão predominantemente relacionados com suas experiências amorosas pessoais. É a única exceção. Não há personagens nas peças de Shakespeare que o autor julgue antecipadamente: "Olha, este é o vilão", "Esta é a mulher monstruosa", "Eis uma boa pessoa". Não. Cada um, no momento da fala, expressa-se com a plenitude de um ser humano. Mas, como todos os seres humanos, alguns são rasos, outros são turbulentos. Essa complexidade é a riqueza que o teatro divide conosco. No palco, podemos conhecer os diferentes níveis de uma pessoa num espaço muito curto de tempo, às vezes quase imediatamente. Na vida cotidiana, isso pode levar meses ou até anos. Num monólogo há uma concentração do que é vivido por uma pessoa ao longo de dias e dias de emoção e pensamento. E isso nos leva direto ao "arranha-céu".

Um "arranha-céu" é uma imagem prática, acessível, e ao mesmo tempo está relacionada com as obras de Shakespeare. Em suas *Obras completas* pode ser visto um número infinito de andares – tema após tema, personagem após personagem, verso após verso, e, no fim das contas, palavra após palavra. Podemos passar correndo ou sentir que ali dentro existem níveis cambiantes de sentido. Alguns nos erguem uns tantos andares acima, outros nos levam a alguns andares abaixo. Às vezes, conduzem àquele momento de assombro, ao silêncio de quando – como dizemos com tanta facilidade – as palavras falham.

Da cobertura tem-se uma visão de todo o mundo fervilhante. Olhamos para baixo e avistamos todos os atarefados seres humanos – o rebuliço do mercado. Sabemos que é tão real como qualquer outra parte da atividade humana. Se olharmos com atenção, poderemos ver talvez até a polícia investir e golpear as pessoas na cabeça. Mas, ao mesmo tempo, se olharmos para cima, veremos o céu, o sol e as estrelas. Elas estão sempre lá.

Agora vamos atentar para duas palavras temidas, áridas e teóricas: "esotérico" e "profano". Em todo o Shakespeare, há um movimento natural que vai do esotérico ao profano. Algo se abre e, em seguida, é trazido deliberadamente para o rés do chão da vida cotidiana.

A coisa mais notável no conjunto das obras de Shakespeare é como ele sempre retorna à terra. Permeando os temas em todas as suas peças, por meio das personagens, ele nos eleva até um ponto em que reconhecemos que estamos unidos na condição de plateia. Há momentos numa peça em que sentimos que fomos todos tocados no mesmo instante. Entramos no teatro como centenas de cabeças, com centenas de preocupações diferentes. Viemos da rua – daquele estado alvoroçado de caos do mundo – e agora, num curto espaço de tempo, por obra de um pequeno grupo de atores numa peça, somos levados a um ponto em que sentimos um momento de verdade. Alguma coisa entre dois jovens amantes, alguma coisa em Hamlet confrontado por suas dúvidas e por sua atribulação. De incontáveis maneiras, sentimos que o que está sendo expresso é humano. O que significa que, naquele dado momento, não sabemos quem está sentado ao nosso lado, e isso não importa mais. Somos o que se chama de uma plateia, e "plateia" é uma palavra no singular. Tornamo-nos um único corpo. E essa transformação sempre se expressa num fugaz momento de silêncio. Dá para senti-lo. O rodopio das diferentes cabeças fazendo um ruído que não se pode ouvir. Então, subitamente, há um momento em que tudo para.

A única palavra que conhecemos que realmente corresponde a isso é que fomos "tocados". Todo ator, todo intérprete, sabe que se funde com a plateia, porque todos são *tocados* por um momento de verdade. Há, por mais breve que seja, um instante de suspensão. Um silêncio. Não um silêncio inerte, não um silêncio de cemitério, não um silêncio de ossos antigos. Mas um silêncio que está pleno da própria vida.

Shakespeare tinha a absoluta necessidade de fazer com que sentíssemos de novo que todos fazemos parte da raça humana, todos fazemos parte da humanidade. Ele faz isso nos puxando para a terra, sem hesitação, com as mais cruas piadas sexuais. Um personagem na peça poderia facilmente ter dito: "É meio-dia". Nada disso. "A mão libidinosa do relógio está agora na haste ereta do meio-dia."[5] É um tremendo alívio para todos soltar uma risada espontânea.

Rei Lear nunca teria a mesma ressonância se essa figura extraordinária, poderosa, multidimensional não fosse contrabalançada por algo como um pequenino arranha-céu com muitos andares, um arranha-céu de brinquedo de criança: o Bobo. E o modo como eles dois se interligam nos possibilita ir da portentosa jornada de Lear à sensatez do Bobo.

É aí que a zona intermediária da obra de Shakespeare é tão importante, desde que sejamos capazes de ver e acolher todo o humor cru e ordinário. Hoje em dia existe um enorme temor, com razão, de qualquer coisa grandiosa demais, pretensiosa demais e, acima de tudo, de qualquer coisa que possa ser remotamente chamada de "espiritual". Particularmente na Inglaterra. Mas, quando se observa sua tradição, especialmente seu amor à natureza, percebe-se que a Inglaterra é profundamente mística. Entretanto, isso fica quase sempre cuidadosamente escondido, e sempre coberto com humor. Então, bem no fundo, há um nível do dia a dia.

O grande poeta Ted Hughes me contou que nas peças de Shakespeare a palavra "e" tem um lugar especial. Às vezes, disse Hughes, Shakespeare usava uma palavra que, para grande parte da plateia, poderia parecer ligeiramente erudita demais, mas que fazia os nobres e intelectuais murmurarem aprobativamente: "Hmm, falou bem". No entanto, o restante da plateia – as pessoas comuns, os ladrões, os batedores de carteira, as putas – dizia: "O quê? Que palavra é essa?". Com muita frequência, na mesma frase havia um "e",

---

[5] *Romeu e Julieta*, ato 2, cena 4, fala de Mercúcio. No original em inglês, "The bawdy hand of the dial is now upon the prick of noon". [N.T.]

de modo que todo mundo podia encontrar o mesmo sentido e se integrar ao todo.

Em meados do século XX, dizia-se aos atores que eles nunca poderiam pronunciar as palavras do nosso grande dramaturgo nacional a menos que aprendessem o bom inglês oficial e falassem como damas e cavalheiros. Mas, de repente, surgiram atores que diziam: "Ao diabo com isso; vou representar um príncipe com um sotaque nortista!". Isso, porém, em pouco tempo caiu no exagero, e hoje se vê que tornar "contemporâneas" as peças de Shakespeare pode facilmente levar à vulgaridade jornalística.

As peças existem apenas no presente. Uma peça é um renascimento. As peças escritas no passado distante são subitamente a nosso respeito, hoje. Experimentamos simplesmente a condição do momento. E, aqui, há uma faca de dois gumes. Isso pode ser o próprio estímulo a tentar subir mais alguns andares no arranha-céu, sem perder a percepção de que ainda estamos arraigados ao chão, ou pode ser o contrário: "Ah, vamos descer dois andares e fazer algo contemporâneo". É tão fácil cair na armadilha de importar grosseiramente brincadeiras de televisão, piadas e referências a eventos atuais, que corremos o risco de esquecer que existem níveis mais elevados. Estamos rebaixando as peças e personagens quando, ao contrário, a qualidade deveria estar sempre presente, subindo e descendo, em cada situação, em cada fala, em cada palavra. Um ator saca o seu celular e descobre, de repente, como é fácil provocar uma risada dizendo ao telefone: "Ser ou não ser?". Mas tais coisas se equilibram no fio da navalha.

Neste livro, constantemente voltamos ao meu vocabulário de trabalho. A palavra mais útil é "detalhe". Dizemos uma fala e, como em todo Shakespeare, ela é de tal simplicidade que pode ser compreendida no mundo inteiro. "Ser ou não ser." Frequentemente, uso-a com atores como exercício de preparação. Não há limite para os diferentes modos como essa fala pode ser dita, e ela matiza cada detalhe que vem depois dela.

Percebam que há mais detalhe nas palavras "*to be*" (infinitivo do verbo ser). "*Be*" é uma palavra simples, cotidiana. Pode-se sentir alguma coisa no interior desse simples "*to be*". Há detalhe, e esse detalhe colore "*or not to be*" (ou não ser). Então, a palavra "*question*" (questão, pergunta) ganha um novo matiz. "*To be or not to be*" nos leva ao ponto em que fica claro que há alguma coisa que não pode ser compreendida. Em seguida, vem a descida à terra: "*That is the question*" (Eis a questão). Ou o exato oposto. Passamos afoitamente pelo fato de que, no contexto do tormento de Hamlet, "Ser ou não ser" tem a ver com viver ou morrer. "Eis a questão", neste caso, é uma abertura para algo mais.

Cada vez que ouvimos um monólogo, estamos com um ator que nos conduz a uma jornada completamente nova. Se o ator estiver imerso numa interrogação viva – não de si mesmo, nem de Shakespeare, mas daquele personagem desconhecido chamado Hamlet –, então gradualmente seremos levados a algo que nos paralisa em nosso caminho quando ele, ator, chega à frase "*Thinking too precisely on the event*" (Pensar meticulosamente demais no fato).[6] "Pensar meticulosamente demais no fato" imediatamente remete ao "*Hang up philosophy!*" (Dane-se a filosofia!) de Romeu. Pare de explicar, pare de definir, pare de tentar compreender apenas com seus recursos racionais. Tudo o que Descartes trouxe para a consciência europeia só pode ir até certo ponto. Há um limite. Nesse ponto, há alguma coisa que nos

---

6   *Hamlet*, monólogo do protagonista no ato 4, cena 4. Em seguida, Hamlet diz que tal pensamento é um quarto sabedoria, três quartos covardia. [N.T.]

leva a atravessar de novo o conjunto das obras de Shakespeare, que é "...o nome de *ação*".⁷ "Ação" nos leva a todo um plano de significado esotérico, porque está presente. Qual é a relação entre pensamento e ação? Temos que agir, atuar, mas qual é o nosso papel e em que peça? Estamos nesta terra para atuar – não estamos aqui para simplesmente ficar sentados, apartados como Hamlets: a ação leva muito longe. O detalhamento que há na sondagem ampla de Hamlet nos leva diretamente a muitas tradições grandiosas.

Leva-nos ao hinduísmo, ao cerne do *Bhagavad Gita*, quando, antes da grande batalha, Arjuna é solicitado a participar de um massacre. Ele vê metade da sua família à sua frente – seus tios e primos. Está sendo convocado a iniciar uma guerra que ele sabe que matará todas as pessoas que lhe são mais próximas. Naturalmente, como ser humano, ele se paralisa – exatamente como Hamlet. Nesse momento, o semideus Krishna tenta conduzi-lo, passo a passo, através de muitos meandros complexos. Isso se relaciona diretamente ao mesmo processo em Hamlet, levando-o a um ponto em que se dá conta de que não pode abandonar a ação. No caso de Hamlet, estamos bem no cerne de um despretensioso, simples, mas desafiador pensamento esotérico. Hamlet é convocado a vingar seu pai sem "poluir" sua mente. É um chamado do qual não poderemos escapar pelo resto de nossas vidas. Se pelo menos nossos generais, nossos líderes e as pessoas que incitam à rebelião, ao motim e ao genocídio pudessem colocar a si próprios essa questão. É possível se lançar ao que é compreendido como vingança "legítima"? Hamlet recebe do pai um pedido de vingança. Ele não pode falhar no dever para com o pai, que foi assassinado injustamente. E, no entanto,

---

7   *Hamlet*, monólogo do protagonista no ato 3, cena 1 (o mesmo que começa com a frase *"To be or not to be"*). [N.T.]

ele é solicitado por seu amado pai a fazer isso sem poluir sua mente. O que isso significa? Adoraríamos que nossos líderes, de vez em quando, se fizessem essa pergunta.

No *Rei Lear*, Paul Scofield, um dos maiores atores que conheci na vida, jamais poluía sua mente com teoria ou filosofia. Cada vez que eu começava uma discussão com ele, ele me interrompia e dizia: "Não, não, eu tenho que representar isso". E seu modo de desempenhar um papel era muito simples. Ele estava na faixa dos 40 anos, estava representando o Rei Lear e, depois de se preparar à sua maneira, tudo desaparecia e ele simplesmente *era* o personagem. Dá para ver isso no filme. Ele não está personificando, não está, na palavra usada pelos atores, *caracterizando* um velho. Ele não estudou "de que modo um velho caminha". Ele de fato *se torna* um homem muito especial, complexo, poderoso, mas muito velho. Ele não precisa mostrar isso do jeito débil que muitos atores adotam para ilustrar que ele está na sua decrepitude. Ele simplesmente é aquela pessoa única, o Rei Lear, que está em plena posse de tudo, mas com o pavor de ficar louco, de perder o juízo. Ao mesmo tempo, o ator que o representa não é mais o marionetista controlando a atuação. Não: ele é o Rei Lear.

Em cada apresentação, depois da morte de Cordélia, ele simplesmente repetia as palavras (ainda mais simples que "Ser ou não ser"): "Nunca, nunca, nunca, nunca, nunca". A cada vez, nas centenas de apresentações que realizamos pelo mundo afora, o ritmo desses cinco "nunca" jamais era o mesmo. Tudo o que, como personagem, ele tinha experimentado naquele preciso momento era o que conferia detalhe à vibração que impregnava a emissão daquelas palavras particulares.

Shakespeare escrevia a uma velocidade tremenda. Como administrador, ele via a urgência com que seu teatro precisava de uma nova peça. Tudo indica que muitas das suas peças foram escritas a toque de caixa, ao longo de uma noite. O que é o oposto do meu querido amigo, o muito admirado Sam Beckett, que passava um ano trabalhando em cada frase e tentando melhorá-la, dizendo com profunda humildade: "Sim, mas por quê? Por que escrevi isso?"; "O que estou tentando dizer?"; ou "Por que esse homem está em pé, olhando pela janela? Por que não está sentado?". Beckett sofria continuamente do bloqueio do escritor: simplesmente se paralisava no final de uma frase que parecia não estar certa. Semanas, às vezes meses, transcorriam antes que ele conseguisse recomeçar. Com esse notável hábito de reflexão, embora ao mesmo tempo pensando com tamanha precisão, ele foi levado a um ponto que jamais poderia ultrapassar, como só uma pessoa na história havia conseguido – Shakespeare.

O que há de singular em Shakespeare é justamente o fato de que ele é singular. E o fato de que, talvez de modo único em toda a literatura, ele tinha essa capacidade de estar em qualquer lugar – na rua, bem como no teatro, conversando com os atores, em casa e no interior do país. Acima de tudo num *pub*, nas tavernas, onde aflorava uma parte tão grande da vida. Na mesa ao lado, ele ouve alguém contar notícias da corte, em outra mesa, alguém fala sobre como é difícil conciliar o que você sentia quando era católico com o que deveria sentir como protestante. Ele está absorvendo tudo isso. Segundo a segundo, todas as impressões estão sendo absorvidas. Mas o que a maioria de nós geralmente retém é um pequeno número delas. Portanto, se você tem esse ser humano singular, com uma capacidade singular de escutar, observar, sentir e reter, não há razão alguma para bradar: "Como é que esse caipira do interior podia saber tudo o que nós, gente da corte, gente de saber, gente da universidade, dedicamos tanto tempo para aprender?". Isso é esnobe e repulsivo.

Shakespeare nasceu no interior com um amor à natureza, às florestas e às plantas que podemos perceber em tantas de suas peças. É evidente que, a despeito de todos aqueles que diziam "Pobre matuto, o que é que esse zé-ninguém da roça sabe sobre as coisas mais elevadas?", havia um rapaz que estava absorvendo tudo à sua volta. Hoje em dia, não é preciso ir ao campo ao redor de Stratford para receber as mais maravilhosas impressões da beleza da terra, das plantas, das flores, das árvores e das colinas. É bastante óbvio que alguém tão sensível como essa alma poética inata nunca perderia nenhuma de suas impressões. É isso que é extraordinário na mente humana. Pensamos que tudo é esquecido. Mas bem no fundo cada impressão, segundo a segundo, fica retida em algum lugar. E essa qualidade estranha e desconhecida a que chamamos de "gênio" – do mesmo modo que falamos de um gênio da música – significa que todo esse universo de sons pode vir sem ser chamado, simplesmente porque ele é necessário.

Próspero, n'*A Tempestade*, reconhece que no seio da natureza, antes que se entre no mundo das cidades e das cortes, há algo que é chamado de magia. A magia é usada impiedosamente para conquistar e manter o poder, tanto por Próspero como por aqueles que querem matá-lo. O desejo de vingança de Próspero poluiu sua mente, e ele se inclina para ela com um ímpeto infernal. Suas qualidades mais profundas emergem e o fazem reconhecer o que está além da vingança. Então, ele quebra sua vara de condão e joga seu livro de magia no mar. Renuncia a tudo para voltar a ser um simples ser humano. Bem no final da peça, ele clama por uma prece (novamente, não é Shakespeare, é Shakespeare por meio de Próspero falando de uma prece) que "comova... a própria misericórdia". Uma prece de uma clareza tão penetrante que é como uma agulha, ou uma lâmina, que nos leva ao que pode ter sido a última palavra escrita por Shakespeare – *"free"* (livre).

E em "livre" se encontram todos aqueles aspectos da natureza humana exterior e interior que nos bloqueiam completamente a percepção do que poderia ser uma ordem natural. "Liberdade." Ela pode ressoar em nós de um modo que concentra todos os diferentes níveis de uma "coisa" singular chamada *Obras completas* de Shakespeare. Obras que contêm todo o ensinamento esotérico do mundo. Mas não mediante uma doutrinação professoral. Cada momento é para ser descoberto e redescoberto por nós, porém, não sentados em casa lendo, porque assim voltaríamos a trair a verdadeira função do texto escrito para a representação. Devemos descobrir isso a cada vez que as palavras e os personagens são trazidos à vida para nós, e junto conosco, na representação. Então, a estrutura do arranha-céu, com todos os seus andares, pode, por um momento, ganhar vida. Suas paredes podem se dissolver.

E o resto é silêncio.

o espelho

Shakespeare dizia que o Teatro ergue um espelho diante da natureza. Claro que isso significa a natureza humana, a natureza humana que é capaz de perceber o vento e a chuva e, como diz o soneto, "tudo o que floresce". Há muitos tipos de espelhos, e o Teatro pode ser um deles.

O Teatro pode não ser mais do que um espelho velho e sujo, e esse espelho só será capaz de mostrar os aspectos sórdidos da natureza humana.

O Teatro pode ser um espelho empoeirado, que borra a imagem e encobre as rugas e imperfeições, de modo a fornecer um reflexo suave e tranquilizador da realidade.

O Teatro pode ser um espelho reluzente, mas rachado, com pontos de cores brilhantes e lampejos ofuscantes em meio a gritos estridentes de protesto e fúria ou arroubos de incontida alegria, explosões de energia que só podem causar mais e mais rachaduras e fragmentos e nos mandar de volta ao mundo mais furiosos do que antes.

E, claro, o Teatro pode também ser o espelho mágico do parque de diversões, que nos distorce e nos faz rir das nossas deformidades e das dos outros.

São esses os espelhos de que fala Shakespeare? De fato, todos eles fornecem vislumbres da condição humana. Mas, se trabalhamos no Teatro, sabemos que somos convocados a nos empenhar em direção ao que suas *Obras completas* mostram – um espelho constantemente limpo e polido para revelar, camada por camada, o que está escondido, o que jaz na escuridão até que, por um momento, a luz possa penetrar e o espelho desaparecer. Não há mais aquele que vê e aquele que é visto. Somos tocados profundamente. A natureza da natureza humana é, então, espantosamente revelada.

pos-fácio

única impressão coletiva: o momento[8]

RODRIGO LACERDA

> O êxito como método transcendental não serve de nada. É no sentido mais pragmático do termo que ele nos permite levar a vida que desejamos. A fama é como uma cadeira em que você senta, ou um telefone com que você fala. Jamais sacrifiquei nada para alcançá-la.

A declaração acima, dada por Peter Brook em uma entrevista concedida em 2012, quando tinha 87 anos, dá uma pequena amostra da coragem e da independência que distinguem sua carreira e sua personalidade. E porque nem sempre o mundo é injusto, Peter Brook, mesmo sem nunca ter restringido sua prática teatral ao que era seguro e bem aceito pelo *mainstream* estético, além de se tornar um dos maiores diretores de teatro e um dos mais importantes teóricos do século XX, conquistou também toda a fama e todas

---

8 As citações de Peter Brook neste ensaio, quando não referenciadas, foram retiradas de entrevistas concedidas pelo diretor ou textos por ele publicados ao longo de sua carreira.

as glórias que um homem de teatro pode almejar, tanto na Inglaterra, seu país natal, quanto nos Estados Unidos, na França e no resto do mundo.

Mas, embora ele seja, sobretudo, um homem do teatro, suas atividades desde cedo abarcaram o cinema e os livros. Filmes, dirigiu treze, entre os quais a famosa adaptação do dramaturgo Peter "Amadeus" Schaeffer para o romance *O senhor das moscas*, de William Golding, lançada em 1963. Já sua produção escrita teve início com o histórico *O espaço vazio*, de 1968, uma meditação sobre diferentes formas de se fazer teatro, publicado quando tinha 43 anos e estava prestes a dar, em sua carreira, o grande salto dos anos 1970. Na outra ponta, em 2013, saiu *Reflexões sobre Shakespeare*, no qual analisa alguns aspectos do cânone shakespeariano e das dificuldades de encená-lo, sempre a partir de sua própria experiência, que não é pouca. Entre esses dois livros, publicou sete outros, todos de memórias e/ou sobre carpintaria e teoria dramática.

Agora, neste seu décimo livro, o grande diretor volta a alguns de seus temas essenciais e, com a simplicidade e o brilho de sempre, discorre sobre suas diretrizes teóricas a partir de reminiscências das encruzilhadas de cada montagem que realizou. Esse contato direto com os "problemas", o caráter sempre prático de sua teoria, é talvez a marca mais forte de sua produção escrita, e a qualidade que a torna mais atraente, mesmo para quem não é pesquisador ou estudioso. Como ele diz aqui, no prólogo:

> Muito tempo atrás, quando eu era bem jovem, uma voz escondida no fundo de mim sussurrava: "Não tome nada como garantido. Vá ver por conta própria." […] A necessidade sempre foi de permanecer no concreto, no prático, no cotidiano, de modo a encontrar sinais do invisível através do visível.

Alcançar o invisível através do contato físico e da participação direta foi, desde o início de sua vida, sua estratégia de ver o mundo. Na raiz disso talvez esteja a influência da fotografia em sua juventude, muito forte, embora menos notória do que seu amor pelo cinema e pela literatura:

> A partir do momento em que comecei a abrir os olhos para o mundo ao meu redor, achei fascinante tudo o que via. Entrei na vida – e fiquei por muito tempo – com esse fascínio do viajante, do aventureiro: tudo o que passava pelos olhos era, para mim, o alimento da vida. [...] Como naquela famosa canção inglesa [de Albert Hammond], "I'm a camera". Portanto, de certo modo, é isso o que sou: uma câmera fotográfica.

O ângulo da câmera fotográfica e, mais especificamente, a obra de Henri Cartier-Bresson ecoaram e ainda ecoam em Peter Brook porque, além da busca em si do invisível através do visível, a maneira como essa busca termina para Cartier-Bresson, com seu "instante decisivo" – quando todos os elementos diante da câmera se ligavam, ou melhor, quando as ligações subterrâneas entre esses elementos, sempre existentes, subitamente se tornavam visíveis –, é parecida com o que Brook chama de "o momento teatral", referindo-se ao instante em que o ator, o personagem e a plateia se conectam para além da narrativa, da palavra e de qualquer explicação lógica e racional. Um momento fugidio, uma espécie de epifania que escapa a qualquer definição, mas que é, para ele, o momento em que a vida se revela.

Em uma palestra proferida no Japão, em 1991, ele explicita estar em busca de algo dessa natureza:

> A essência do teatro está contida em um mistério chamado "o momento presente". O "momento presente" é surpreendente.

> [...] Quando este átomo de tempo estala, a totalidade do universo permanece contida em sua infinita pequenez. [...] No milésimo de segundo em que ator e público se inter-relacionam, como em um abraço físico, o que conta é a densidade, a espessura, as múltiplas camadas, a riqueza, em outras palavras, a qualidade do momento. Permitam-me sublinhar o fato de que esse nível de qualidade dentro de um instante é a única referência pela qual se pode julgar um ato teatral.

Evidentemente, contudo, o teatro, ao contrário da fotografia, exige movimento, exige o passar do tempo, e exige, portanto, mais do que apenas um "instante decisivo", ou "momento presente". Brook trabalha com vários momentos em cada espetáculo, pois, para alcançar um que seja de profunda significação, é necessária a sequência, que parte de um nível muito simples e muito natural, leva a plateia a um crescimento de intensidade e, por fim, a faz sair novamente, após um momento de conexão com os homens e com o mundo.

> O tempo, que na vida é quase sempre um inimigo, também pode se transformar em nosso aliado, se observarmos como um momento pálido pode levar a um momento iluminado e logo fazer-se absolutamente transparente, antes de voltar a cair na simplicidade do momento cotidiano.

Isso, claro, é bem mais do que simplesmente obedecer à curva dramática ditada pelas peripécias do enredo.

—

O subtítulo *Reflexões sobre linguagem e sentido* remete a um dos campos de pesquisa centrais na carreira de Peter Brook, e desde cedo. Para um jovem diretor que, nos anos 1950 e 1960, buscava renovar a maneira como os espetáculos shakespearianos eram feitos, e que de fato a renovou, destacando-se num meio cheio de pedantismo e artificialismo, a fronteira entre linguagem e mensagem, texto e sentimento, era uma questão crucial. Cada linha merecia cuidadosa análise e ensaios exaustivos, para transmitir o máximo de espontaneidade e emoção. É o que explica, por exemplo, a deliciosa história sobre as caretas de Laurence Olivier, relembrada aqui no texto *"Sea Bells"*.

Também para um londrino de nascimento que, a partir de 1970 e até hoje, vive em Paris, as pequenas e as imensas diferenças entre o inglês e o francês são um tema cotidiano e de imenso impacto em seu trabalho. Isso aparece, por exemplo, em "Dou minha palavra", mas também no texto que dá título ao livro: "Na ponta da língua".

Em terceiro lugar, o poeta, diretor e pensador Antonin Artaud, a maior referência teórica para Peter Brook, já promovera, com seu "teatro da crueldade", uma aproximação radical dos atores com a plateia, e uma revalorização do corpo do ator e dos sons que ele produz, em detrimento da palavra e do discurso articulado racionalmente.

Por tudo isso, diz Brook: "Uma palavra não começa como palavra, ela é um produto final, que se inicia como impulso, estimulado pela atitude e conduta que ditam a necessidade de expressão".

Quando ele, já em Paris, junto à produtora de cinema e teatro francesa Micheline Rozan, fundou o Centro Internacional de Criação Teatral, um dos pilares do projeto era reunir na companhia atores, bailarinos e músicos de várias nacionalidades, possibilitando a formação de um "grande vocabulário humano". A proposta era de que o grupo se nutrisse de elementos que jamais haviam podido se juntar, com cada raça e cultura dando sua contribuição. E isso, claro, implicava enfrentar questões de linguagem – variações nos sentidos da mesma palavra, sotaques, ritmos de fala, entonações etc. –, bem como novas combinações entre as falas dos atores e seus gestos e movimentos no palco.

É brilhante, entre outras passagens, chegando mesmo a ser poética, aquela em que Brook diferencia as palavras *"pourquoi"* e *"why"* (p. 29). Ambas, a rigor, têm exatamente o mesmo sentido, porém a primeira é uma interrogação firme, está "apontando um dedo ao interlocutor e pedindo uma explicação", enquanto a segunda é "feita de ar [...] deixa a pergunta em aberto".

Talvez pareça contraditório, porém, que, a fim de atingir o grau de sensibilidade para a ligação entre palavra, som, atitude e sentido que essa e tantas outras passagens revelam, Brook tenha precisado não apenas se expor ao contato com línguas diferentes da sua e que não dominava, mas também viver a experiência radical de trabalhar com uma língua inventada, como fez logo na estreia de sua companhia, no espetáculo *Orghast*, de 1971, baseado no mito de Prometeu e estreado em Persépolis, atual Irã. Nele, os atores utilizavam uma linguagem feita exclusivamente de sons, desenvolvida pelo poeta britânico Ted Hughes e lastreada na ideia de que um som, emitido de certo jeito, pode carregar um sentido inteligível, seja ou não uma palavra reconhecível, dicionarizada. Essa negação radical das línguas oficiais, ao fazer tábua rasa das diferenças linguísticas entre atores de várias nacionalidades, criava, no plano da linguagem, o almejado "espaço vazio" – a ser preenchido, como era o palco, pela imaginação da plateia, o corpo e a voz dos atores, ou como era o espaço de criatividade mais livre que os atores abriam nos trabalhos de improvisação. Paradoxalmente, acredita Brook, quanto menos elementos forem dados – adereços, objetos de cena, estruturas cênicas etc. –, mais feliz ficará a imaginação do espectador, pois mais livre estará.

Mesmo quando as encenações da companhia não chegavam a tais extremos, sua torre de Babel intencional procurava o lugar onde a comunicação se dá mais pelo sentimento, pelo corpo e pela fantasia do que pela razão e pelo discurso. O potencial para um "momento decisivo" estava lá, no que é comum a todos os povos, no que é essencialmente humano. Quando encontrasse esse lugar, o elenco multinacional mostraria sua razão de ser, e, presumivelmente, plateias de todo o mundo se identificariam com os dramas e personagens vividos no palco. Brook fazia indagações profundas a si próprio, que iam à raiz dos problemas: O que é o teatro? O que é uma peça? O que é um ator? Qual a relação entre eles? Quais são as melhores condições para que se dê esta relação?

Desse desejo – o de encontrar narrativas depuradas na forma e universais no conteúdo – decorre o interesse de Brook pelas grandes narrativas mitológicas e lendas de cada cultura, pelo "mar de histórias", ou "mar feito de rios de histórias", de que fala uma lenda hindu. A pureza dos enredos simples e terríveis da humanidade – envolvendo amor, sexo, poder, dinheiro, traições e heroísmos, pais e filhos etc. – torna a experiência perfeitamente compartilhável. Inspirado por Artaud, que desejara fazer do teatro uma "experiência cerimonial primitiva", capaz de liberar o subconsciente humano, ele achava seu próprio caminho. A partir deste momento, Brook viria a se aproximar das culturas tradicionais com o propósito de encontrar uma comunicabilidade universal e um sentido cultural maior para o teatro dentro da sociedade industrial. A arte que ultrapassa o campo estético era também uma noção já presente na obra de Artaud.

Mas Brook não era o único a seguir nessa direção. Desde 1964, na montagem de *Marat/Sade,* escrita por Peter Weiss, quando tivera como parceiro o diretor de teatro polonês Jerzy Grotowski, o "teatro pobre", o interesse por estruturas narrativas mitológicas e técnicas de representação arcaicas, e o trabalho de campo, incluindo diferentes países, plateias e culturas, constituíram sempre um traço de aproximação entre os dois diretores. Influenciada por Brecht e Artaud, *Marat/Sade* chocara as plateias da época com sua ambientação num hospital psiquiátrico.

Após *Orghast*, a companhia viajou mais pelo Oriente Médio, África e Estados Unidos, visitando espaços urbanos marginais e representando para populações destituídas de qualquer referência da cultura teatral, sempre recorrendo a improvisos e estimulando a participação da plateia:

> Acostumamo-nos a encontrar o espectador em seu próprio território, a tomá-lo pela mão e partirmos juntos em uma exploração. Por esse motivo, a nossa imagem do teatro era aquela de contar uma história, e o próprio grupo representava um contador de histórias com muitas cabeças. [...] Havia, em nosso trabalho, sobretudo, uma necessidade de transparência, contato e claridade que se devia, em parte, às nossas experiências diretas e compartilhadas.

O mar de histórias e lendas essenciais de cada cultura, a simplicidade da cena, a presença do ator como elemento central, o caráter ético e *naïf* que o teatro de Brook foi enfatizando ao longo dos anos eram, de certa forma, sua resposta ao declínio da narrativa no mundo industrial, diagnosticado pelo filósofo alemão Walter Benjamin no ensaio "O narrador", de 1936. Tudo se passa como se houvesse uma reabilitação do que é humano ante a técnica e a lógica cartesiana.

A noção de "forma simples", ou "pequenos gêneros", é usada pelos teóricos para designar vertentes literárias que têm raiz na oralidade – a legenda, a hagiografia, a saga, os mitos, as adivinhações, os ditados, os contos de fadas etc. – e que antecedem de muito o mundo industrial. Elas usam símbolos e arquétipos para retratar a experiência humana, e símbolos possuem sentidos coletivos e universais. Como se vê, elas não são "simples" no sentido de didáticas ou rasas. Na verdade, trabalham com uma "linguagem infinita", como chamou a crítica literária búlgaro-francesa Julia Kristeva, e respondem a uma necessidade psíquica e cognitiva da humanidade, que relaciona intelectual e emocional: ouvir histórias.

Em seu livro *Fios do tempo*, Brook escreveu:

> Há dois mundos, o mundo do dia a dia e o mundo da imaginação. [...] Na maior parte das sociedades, particularmente na África, o mundo imaginário e o mundo do dia a dia se misturam. O teatro deveria ser um lugar de encontro entre estes dois mundos. [...] A relação saudável é a da coexistência.

O fato de os rituais e os mitos fundamentais serem portas para zonas muito profundas do humano, embora seus enredos sejam muito simples, coaduna-se à recusa de um teatro intelectualizado, remoendo em público seus dilemas, esquecido da necessidade de fazê-los ressoar na plateia. "O teatro é como o silêncio", dizia, "Quando se fala dele, desaparece". O que ele busca é o constante movimento dialético entre o humano e o sagrado.

Assim nasceu o espetáculo baseado em a *Conferência dos pássaros*, uma epopeia sufi, escrita no século XII pelo poeta persa Farid ud-Din Attar. Enquanto viajavam com o espetáculo, Brook e seus atores familiarizavam-se com o tipo de conteúdo que iriam trabalhar dali para frente. Quanto à forma, a pesquisa debruçava-se sobre os elementos primordiais do teatro: a voz e o som, o ritmo, a corporalidade e o jogo.

Diz Brook sobre a experiência:

> Quando tradições distintas se juntam, as barreiras se levantam. Quando se descobre um objetivo comum, através de um trabalho intenso, as barreiras desaparecem. Nesse mo-

mento, os gestos e tons de voz de um e de todos se fundem na mesma linguagem, e expressam, por um momento, uma verdade única, compartilhada, na qual o público está incluído. [...] O caos que sobreviria se cada indivíduo liberasse seu próprio mundo secreto, em princípio, deve unificar-se em uma experiência compartilhada. Em outras palavras, o aspecto da realidade que o ator evoca deve convocar uma resposta dentro da mesma zona em cada espectador, de modo que por um instante o público viva uma única impressão coletiva.

O melhor fruto desse processo de pesquisa e reflexão, no entanto, surgiu em 1985, onze anos depois de Brook ter conhecido o roteirista, dramaturgo e diretor Jean-Claude Carrière (o início da amizade, aliás, está singelamente descrito nas páginas 22 e 23 deste *Na ponta da língua*). Em 1974, os dois haviam começado a trabalhar na versão teatral do clássico indiano *Mahabharata*. Em dado momento, juntara-se a eles uma terceira colaboradora, a dramaturga e roteirista Marie-Hélène Estienne. Trata-se de uma das narrativas fundamentais da humanidade, quase toda em verso, cujo eixo conta as várias histórias dos Kauravas e dos Pandavas, duas famílias em disputa pelo trono. Nas mãos deles três, e dos atores do Centro Internacional de Pesquisa Teatral, o *Mahabharata* deveria transcender qualquer período histórico e falar do presente, fazendo aflorar essa humanidade compartilhada.

Estreando no festival de Avignon, o espetáculo marcou o apogeu das propostas cênicas do diretor e sua companhia; era a síntese de todas as suas experimentações formais e de toda a sua filosofia teatral madura. Foi, também, um retumbante sucesso de público e de crítica, e com ele a companhia viajou ao longo de quatro anos por vários países do mundo.

Tantas décadas mais tarde, ainda hoje causam espanto as nove horas de duração do espetáculo – fora os intervalos. Mas, do ponto de vista prático, não é tanto, levando-se em conta que o *Mahabharata* é a obra com o maior volume de texto da história da humanidade, totalizando 90 mil versos. Ademais, do ponto de vista artístico, o excesso é bem-vindo, pois planta no espectador a sensação da ilimitada abundância biográfica e emocional da humanidade. Em 1989, a trinca de criadores adaptaria o espetáculo para uma série de televisão, de quase seis horas, e, em 1995, para uma versão cinematográfica, de apenas três horas. Nos palcos, ainda voltariam ao clássico hindu por duas vezes ao longo dos anos, com *A morte de Krishna*, de 2002, e *Battlefield*, de 2015.

—

No texto "Da alvorada ao crepúsculo", Brook relembra o caso, verídico, de uma companhia de teatro que, antes de saber que tipo de espetáculo gostaria de montar, decidiu erguer com as próprias mãos o edifício do teatro em si. Todos trabalharam pesado, aprenderam técnicas e ofícios, investiram dinheiro que não tinham e conheceram a extrema harmonia coletiva. Ao terminar, depararam-se com o impasse: o que encenar? Incapazes de resolvê-lo, "a tensão afrouxou, e os laços que tinham mantido o grupo tão fortemente unido se desfizeram".

Embora se diga "assombrado" por essa "história infeliz", Brook fez exatamente o contrário do amigo diretor. Só no fim de 1974, ao retornar da viagem a três continentes, inaugurou a sede do Centro Internacional de Pesquisa Teatral, num antigo e pequeno teatro, o Bouffes du Nord. Brook permaneceria à frente da companhia até 2011, só então renunciando ao posto, aos 86 anos. Aquele projeto coletivo não poderia ser mais duradouro, e dificilmente seria mais bem-sucedido.

O que o aflige no episódio da companhia desfeita é a simples ideia do fracasso do trabalho em equipe, no qual o grupo apostou todo o seu dinheiro e talento. Contra essa hipótese trágica, ele se inspirou em outra referência importante. Se Artaud foi a grande influência teórica, Brook, para o dia a dia à frente de uma companhia de teatro, inspirou-se mesmo foi em Joan Littlewood, a chamada mãe do teatro moderno inglês. Diretora famosa por suas montagens de *Oh, que delícia de guerra*, da qual era também autora, *Mãe Coragem*, de Brecht, *Ricardo II*, de Shakespeare, entre outras, e criadora, junto com o arquiteto Cedric Price, do conceito de *Fun Palace*, ou Palácio da Diversão, que consistia em uma celebração anual, no coração de comunidades por todo o território britânico, com atividades culturais (artísticas, científicas, esportivas etc.), Joan e sua companhia, a Theatre Workshop, desenvolviam um trabalho de equipe bastante próximo do que Brook iria atingir.

Com seus métodos de trabalho, que enfatizavam como nunca o tempo ilimitado de ensaios com os atores, ele visava criar condições para uma profunda busca interior em todos os envolvidos. E dizia:

> A qualidade do trabalho realizado em cada ensaio deriva completamente da criatividade do ambiente de trabalho, e a criatividade não surge com explicações. A linguagem dos ensaios é como a própria vida: usa palavras, mas também silêncios, estímulos, paródias, risos, infortúnios, desesperos, franquezas e encobrimentos, atividade e lentidão, claridade e caos.

Para que as intenções do ator ficassem perfeitamente claras, eram necessários pensamento, emoção e corpo em perfeita harmonia; estado de alerta intelectual, sentimento verdadeiro e corpo afinado e equilibrado. Sob tais demandas, a profissão de ator torna-se uma das mais desafiadoras, pois exige um nível absurdo de evolução física e mental. Mas Brook relativiza isso, acreditando que a interpretação deve ser feita como um jogo, deve deixar de ser trabalho. Ele também recusa a expressão "construção do personagem", por lhe sugerir um processo muito concreto, meramente cumulativo, até um ponto em que se completa e termina. O diretor prefere dividir o trabalho dos atores em duas fases: preparação e nascimento. "É muito diferente", diz, apontando para um contínuo desenvolvimento do personagem, e não sua cristalização.

Com frequência, nos ensaios, ele usava fotos para que os atores pudessem se aproximar de uma vida distante das suas, deixando-se invadir pelas imagens. Então, "um pouco como Cartier-Bresson", dizia Brook,

> [...] o ator deve sentir, encontrar o que precede esse momento e o que vem depois. Partimos da pesquisa de um momento preciso, para que não haja apenas um momento preciso, mas vários momentos precisos, para que seja a vida escoando por meio deles. O que quer dizer, afinal, o trabalho de ator? É pôr em relevo o que normalmente passa despercebido: os impulsos, as reações, tudo o que está escondido no ser humano.

Ao diretor, por sua vez, segundo Brook, cabia entender aonde o ator desejava chegar e o que o estava impedindo de fazê-lo, sem impor uma maneira de atuar, mas atento à distância entre as ideias do ator e a peça em si. Assim, trabalhando cada membro do grupo, e o grupo como um todo, ajudando-os a atingir o objetivo comum, atacando e cedendo, provocando e apaziguando, a "matéria invisível" começava a aflorar. "Você pode ter princípios", dizia Brook, "como desenvolver o aparato corporal dos atores, sua capacidade de resposta, o modo como sentem o trabalho juntos... Existem regras, claro. Mas impor um estilo é muito diferente, é como impor uma coreografia a um time de futebol".

Sem dúvida que Brook tinha opiniões próprias, e sabia defendê-las com vigor, mas, segundo ele, uma coisa é ter uma "concepção diretorial", algo que pode ser estabelecido antes de qualquer ensaio, outra é ter "senso de direção", a capacidade de descobrir o espetáculo na vida, no trabalho, não na arte.

Um diretor deve ter opiniões firmes sobre cada detalhe da interpretação, e a defesa de seus pontos de vista, sem dúvida, é uma necessidade do trabalho. Mas é preciso, em paralelo, ter consciência de que a verdade está sempre além do nosso alcance. Segundo ele, é preciso ouvir a voz que nos sussurra: "Mantenha seu ponto de vista firmemente, mas abandone-o sem constrangimento".

—

"Arranha-céu" é o título do texto que abre a última parte de *Na ponta da língua*. O edifício de dezenas de andares é, para Peter Brook, uma imagem prática da realidade como ela é. O arranha-céu nos permite ver o mundo, com todos os seus níveis de sentido, habitado por pessoas diferentes, donas de sentimentos os mais diversos e modos próprios de expressá-los. Seguindo essa ideia, o arranha-céu que melhor abarca a humanidade, na opinião do diretor, é a obra de William Shakespeare. Registrando o que falavam, sentiam e pensavam os homens e mulheres de seu tempo, sem jamais impor a eles a própria voz, Shakespeare nos põe dentro do elevador, mantendo-nos em movimento constante pelo edifício, às vezes subindo, outras descendo na escala entre o grande e o pequeno, o erudito e o popular, o raso e o profundo, a filosofia e o pastelão, a tragédia e o escatológico. Peter Brook não poupa elogios à capacidade do autor de *Hamlet* e *Rei Lear* para diluir sua voz na vida pulsante que faz brotar entre os personagens o tão desejado elemento de conexão. Na página 55 deste livro, ele diz:

> De incontáveis maneiras, sentimos que o que está sendo expresso é humano. O que significa que, naquele dado momento, não sabemos quem está sentado ao nosso lado, e isso não importa mais. Somos o que se chama de uma plateia, e "plateia" é uma palavra no singular. Nos tornamos um único corpo.

Na carreira de Brook, os anos 1950 e 1960 foram marcados por várias produções do cânone shakespeariano: *Medida por medida* (1950), *Conto de inverno* (1952) e *A tempesta*de (1957), todas estreladas pelo grande ator shakespeariano John Gielgud; *Hamlet* (1955), estrelada por outro expoente do cânone shakespeariano, Paul Scofield; e finalmente a célebre montagem de *Tito Andrônico*, estrelada por Laurence Olivier (1955 e 1958), talvez o primeiro renovador de todo esse repertório. A ampla convivência com a obra de Shakespeare culminou, em 1962, com o convite para codirigir a primeira encarnação institucionalizada da Royal Shakespeare Company, junto com seu fundador, Peter Hall. Nesse mesmo ano, Brook dirigiu *Rei Lear*, novamente com Paul Scofield no papel-título. Seu encontro com aquelas peças, que renderia ainda inúmeras outras montagens ao longo da vida e três filmes (*Rei Lear*, 1971; *Medida por medida*, 1979; e *Hamlet*, 2002), marcaria para sempre sua maneira de entender o teatro.

Foi com Shakespeare, por exemplo, que Brook primeiro vislumbrou o valor da simplicidade:

> Acho que tudo mudou para mim na época do *Rei Lear*. Quando os ensaios estavam para começar, destruí o cenário. O que eu havia desenhado, de metal enferrujado, era muito interessante e muito complicado, com pontes que subiam e desciam. Gostava muito dele. Uma noite, percebi que esse brinquedo

fantástico era absolutamente inútil. Tirei tudo da maquete e o que ficou parecia muito melhor. Foi um movimento muito importante para mim.

Mas Brook também marcou o Shakespeare que conhecemos. Sua bem-sucedida renovação na forma de encenar esse repertório disseminou-se em todo o mundo. Shakespeare podia ter seu fabuloso universo de 25 mil palavras, mas, como diz o diretor, "o teatro tem muito mais linguagens que a verbal para estabelecer e manter a comunicação com o público" – a linguagem do corpo, dos sons, do ritmo, da cor, do vestuário, da cenografia, das luzes, dos objetos etc. Tê-las colocado todas em ação, do jeito certo, mais para sugerir do que mostrar, mais para libertar a imaginação do que supri-la de todas as informações, mais para "esvaziar" o espaço do que atulhá-lo com adereços, atuando num território enrijecido e beletrista – tudo isso contribuiu muito para que a popularidade do autor persista até hoje.

No tratamento dos textos de Shakespeare, talvez o crítico mais afinado com as teorias teatrais de Peter Brook tenha sido Jan Kott, professor de origem polonesa, exilado nos Estados Unidos, onde deu aulas em Yale e Berkeley, e autor do já clássico *Shakespeare nosso contemporâneo*, de 1964. Tão afinados eram os dois que Kott participou, como consultor de dramaturgia, da montagem de *Lear* que Brook dirigiu em 1962, com Paul Scofield. E o diretor, por sua vez, escreveu o prefácio do clássico livro.

É curioso ler o que diziam um do outro. Estavam, sim, engajados no esforço de atualizar o cânone shakespeariano, mas não queriam fazê-lo de maneira superficial, apenas introduzindo no palco telas e efeitos digitais, ou mesmo ambientando as peças em períodos históricos menos recuados no tempo. A proposta era mais ambiciosa: reconectar emocionalmente aquelas histórias com as plateias, expor a novas realidades as histórias.

Em seu prefácio a *Shakespeare nosso contemporâneo*, Brook escreve:

> Eis aqui um homem que comenta a atitude de Shakespeare diante da vida baseando-se na experiência direta. [...] o quanto é raro um comentador, um letrado, ter a menor experiência daquilo que escreve. [...] Kott é um tipo de homem muito diferente. É um elisabetano. Como Shakespeare, como os contemporâneos de Shakespeare, ele não separa o mundo da carne e o do espírito. Ambos coexistem e chocam-se dentro do mesmo quadro.

No corpo do livro, Kott retribuiu o elogio:

> E quando *Tito Andrônico* é encenado por Peter Brook, digamos, esse público está disposto a aplaudir a cena da carnificina geral, no quinto ato, com o mesmo entusiasmo dos caldeireiros, alfaiates, açougueiros e soldados do tempo de Shakespeare. Tratava-se então de um sucesso teatral considerável. O espectador contemporâneo, ao reencontrar nas tragédias de Shakespeare sua própria época, aproxima-se com frequência, de forma inesperada, da época shakespeariana.

Ainda é Kott quem diz:

> Peter Brook e [Laurence] Olivier falaram disso, escreveram que haviam tentado montar *Tito* porque viram nele, em sua forma ainda bruta, o embrião de todas as tragédias de *Lear*. [...] É talvez vendo representar *Tito Andrônico* – mais que qualquer outra peça de Shakespeare – que compreendemos em que consistia seu gênio; ele deu às paixões uma consciência íntima, a crueldade deixou de ser unicamente física. Shakespeare des-

cobriu o inferno moral. E o paraíso também. Mas permaneceu na terra. Peter Brook viu tudo isso em *Tito Andrônico*.

Já sobre a montagem de *Rei Lear*, com Scofield, da qual participou, Kott escreve que o primeiro mérito de Brook foi "encontrar a situação histórica na qual *Rei Lear* pudesse enfim alojar-se". Evitando tanto o plano dos contos de fadas quanto o dos mistérios celtas e seus druidas, Brook situou a montagem num principado do século XVI ou XVII, afinando a ação, brutal e trágica, séria e grotesca, ao enquadramento temporal mais adequado. Diz Kott: "*Rei Lear* é uma peça sobre a decomposição do mundo. Mas, para mostrar essa decomposição, é preciso mostrar antes que o mundo existe".

Nas conversas com Brook, durante a concepção do espetáculo, Kott defendeu a ideia de que era preciso construir uma metáfora visual, concreta, que ecoasse a lenta derrocada dos personagens e de seu mundo. Para isso, propunha que os primeiros atos ocorressem num grande estrado circular, no alto do palco, e fossem descendo até as grandes cenas de loucura, o fundo do poço existencial para os protagonistas. A partir daí, mais ou menos do quarto ato, acreditava Kott, o mundo começava a se recompor. Brook recusou todas essas "metáforas ingênuas". E Kott, ao escrever seu livro, já havia se convencido de que o diretor tinha razão: "O mundo que se decompôs não se recompõe em seu espetáculo, como tampouco se recompunha em Shakespeare". Se os personagens recuperam sua humanidade, é por se recusarem a aceitar a vida como um tempo "no qual se vive [apenas] a fim de gerar, de assassinar e de morrer".

Brook expressou essa recusa, tão visceral, com sutileza. Na abertura da peça, os cavaleiros obedientes a Lear ajudavam-no a calçar as botas. Nessa cena, portanto, as botas são reais, concretas, nada metafóricas. Mais tarde, quando

Lear retorna da caçada, os cavaleiros o ajudavam a tirar as botas, novamente nada metafóricas. Paul Scofield, inclusive, massageava os pés. A plateia, provavelmente, ainda nem havia percebido algum sentido maior naquelas botas. Bem adiante no espetáculo, Lear e Gloucester se encontram pelas estradas enlameadas da Inglaterra. Àquela altura, já se encontravam destituídos de todos os bens materiais e espiritualizados pela humilhação, iluminados e loucos. Gloucester ajudava o rei a tirar as botas, e eis que as apertava contra o peito e se punha a beijá-las. Num único gesto, subitamente, as botas de Lear ganhavam o caráter metafórico até então inexistente. "O que ele beija?", perguntou Kott em seu livro, para responder em seguida, "Talvez a última lembrança de um mundo que existiu".

Além de Shakespeare, outro dramaturgo que Brook alça à categoria de "arranha-céu" é Samuel Beckett, apesar das imensas diferenças entre os dois (ver pp. 60-1).

> Shakespeare escrevia a uma velocidade tremenda. [...] O que é o oposto do meu querido amigo, o muito admirado Sam Beckett, que passava um ano trabalhando em cada frase e tentando melhorá-la, dizendo com profunda humildade: "Sim, mas por quê? Por que escrevi isso?", "O que estou tentando dizer?", ou "Por que esse homem está em pé, olhando pela janela? Por que não está sentado?". O sofrimento de Beckett para escrever, seu quase contínuo bloqueio, paralisava-o por semanas, até meses, a cada frase que parecia não estar certa.

Tamanho esforço de reflexão, tamanha precisão expressiva, o teria levado a um ponto "que jamais poderia ultrapassar, como só uma pessoa na história havia conseguido – Shakespeare".

Brook admirava a generosidade do olhar de Beckett para a vida e o teatro:

Com sua distância e seu humor, com essa recusa em deixar a personalidade e a emoção do ator submergirem em seu próprio objetivo, com o combate doloroso para que cada frase seja precisa, ele entrou profundamente no que acontece continuamente no interior dessa caixa desconhecida que é o ser humano.

Beckett era, a seu ver, capaz de produzir o efeito trágico das grandes tragédias, quando o público é "subitamente colocado diante de alguma coisa que supera a miséria humana, supera a crueldade, a bestialidade".

Talvez esse apego à obra do dramaturgo irlandês decorra, também, de outro valor compartilhado: o valor do vazio. Para ambos, o vazio era um espaço onde encontrar/projetar o que é de fato essencial para amparar a riqueza das palavras e a presença do ator. É o que Brook parece dizer em "Quando um espaço não é um espaço?" (p. 45).

Da mesma forma, o silêncio. Se o teatro existe para que o não dito possa respirar, para que um aspecto da vida seja revelado, o silêncio também se torna um ponto de partida. Brook registra que "Cada página das peças de Beckett é iluminada por parênteses em torno da palavra 'pausa'" (p. 46), e certamente ele não escolheu à toa o verbo "iluminar".

"A mais refinada expressão do vazio é o silêncio", diz Brook (p. 46). "Há raros momentos no teatro em que um sentimento profundo compartilhado pelos atores e pelo público arrasta tudo para um silêncio vivo. Esse é o raro, o supremo espaço vazio."

—

Ao final de *Na ponta da língua*, o texto "O espelho" começa com Peter Brook especulando sobre o que é, enfim, o teatro. Uma coisa é certa, ainda que ele tenha vivido quase todo o período da Guerra Fria em plena atividade, e já fosse um diretor de vanguarda no mítico ano de 1968, e embora suas concepções teatrais e métodos de trabalho contivessem uma carga revolucionária, ele, a partir de certo momento, descarna suas peças de qualquer caráter explícito de intervenção política.

Os anos 1960 foram os mais evidentemente políticos. Em 1966, ainda vinculado à Royal Shakespeare Company, Brook estreou US, uma peça-protesto contra a Guerra do Vietnã, uma espécie de posicionamento coletivo de todos os artistas envolvidos. No ano seguinte, o espetáculo ficou registrado no documentário *Benefício da dúvida*. Em 1968, veio o filme *Minta para mim* [*Tell Me Lies*], sobre o envolvimento norte-americano no Vietnã, que de tão polêmico teve sua exibição censurada pelo Festival de Cannes.

Em entrevistas e escritos, durante toda a vida, suas opiniões políticas têm sido bastante contundentes também:

> O fascismo é sinônimo de destruição pura, sem exceção.
>
> Se tomamos a palavra religião, podemos chegar a uma conclusão: é o molho que rega tudo aquilo que significa destruição no mundo.
>
> Os regimes políticos repressivos sempre cobraram mais caro do teatro. Em países sob um regime de terror, o teatro é a forma de arte que os ditadores observam mais de perto, e a que mais temem.
>
> Creio que, como para todas as coisas num dado momento convertidas em instituição – o Estado, a democracia, a tirania, o fascismo, o comunismo... –, as estruturas da história da humanidade podem criar monumentos, mas nunca se aproximam daquilo que realmente afeta a vida.
>
> Nos dias de opressão totalitária, o teatro era um dos raros lugares em que, durante um curto espaço de tempo, as pessoas podiam sentir-se livres, escapar rumo a alguma coisa mais romântica, uma existência mais poética, ou, se não, escondidas e protegidas pelo anonimato de estar numa plateia, unir seu riso e seu aplauso em atos de desafio à autoridade.

A característica de todas as formas de ditadura é que a cultura permanece congelada. As formas já não têm possibilidade de viver, morrer e ser substituídas de acordo com as leis naturais.

E é claro que, entre subidas e descidas nos arranha-céus que visitou, conteúdos políticos podiam estar subjacentes, mesmo em obras como *Battlefield*, episódio destacado do *Mahabharata*, que trata de circunstâncias políticas tão remotas no tempo. Conta o diretor que, ao conceber o espetáculo com Marie-Hélène Estienne, uma das questões fundamentais, desde o início, foi:

> Este líder que venceu uma enorme batalha, despedaçando uma família, massacrando centenas e centenas de pessoas num imenso campo de batalha, teria de se perguntar: "Qual é, agora, a responsabilidade?". É uma pergunta que eu gostaria que todos os nossos soldados, generais e líderes se perguntassem, percebendo que uma vitória pode ser também uma derrota.

Mas, ainda assim, a ênfase no conteúdo político explícito diminuiu ao longo das décadas. Brook foi taxativo ao dizer, certa vez, que não faz teatro "nem para pregar nem para indicar qualquer caminho a ser seguido". A companhia que chefiou por tantos anos, e da qual se desligou apenas nos anos 2000, não propunha receitas para resolver os conflitos dentro das sociedades e entre as nações. E o teatro, para ele, "nunca foi um lugar apropriado para o debate".

Quando fala de muitas montagens politizadas de Brecht ou Sartre, feitas no Terceiro Mundo, alerta para o fato de que "esses autores trabalhavam com um sistema complexo de comunicação, que pertenceu a seu próprio tempo e lugar. Em um contexto completamente diferente, a ressonância já não se produz". Também não fazia o apostolado do teatro experimental típico dos anos 1960. Segundo ele, imitações desse teatro fora de contexto resultam em espetáculos que não são "nem chicha nem limonada", e o novo corre o risco de se transformar em clichê, como aconteceu com a nudez dos atores no palco, segundo ele, que reprova a "mudança pela mudança".

A juventude das formas artísticas, por si, não é um valor. Embora acredite que tanto o teatro quanto o cinema nos permitem ter experiências "maravilhosas e horríveis", que de outra maneira talvez nunca vivêssemos, Brook considera o teatro superior ao cinema, embora este seja a forma de arte mais jovem – pois, como fonte de histórias, no teatro a imaginação é quem preenche o espaço vazio; já no cinema a tela é a totalidade, tudo o que aparece nela precisa se ligar lógica e coerentemente.

Sua opinião sobre a maioria dos espetáculos produzidos atualmente chega a soar melancólica, e até pode ser confundida, pelas novas gerações, com nostalgia e idealização do passado. Aos seus olhos, o teatro de hoje não lida com os problemas essenciais da humanidade, e por isso mesmo não é tão necessário "quanto o alimento e o sexo", indissociáveis da vida em certas sociedades. E as sociedades industriais do Ocidente, simplesmente, perderam a capacidade de "fazer crer".

Não que ele tenha desistido – "estou na busca" –, ou veja alguma impossibilidade de se montar Brecht no Brasil, ou Sartre na Índia; porém, considera crucial que os interessados em fazê-lo encontrem formas capazes de dar vida ao drama, façam-no ecoar na plateia. As formas tradicionais às vezes podem estar vivas, às vezes mortas, e o mesmo acontece com as formas de vanguarda. "O teatro reflete os aspectos da existência humana, de modo que qualquer forma é válida", diz ele, por princípio. O problema está além de uma política das formas, embora elas sejam fundamentais para resolvê-lo. O mundo invisível não tem forma, não muda, o visível é que está sempre ganhando novas configurações, e essas configurações são passageiras, vivem e morrem – assim como as linguagens, os modelos, as atitudes, as estruturas. "As formas são como as palavras; só ganham significado quando usadas corretamente."

No âmbito pessoal, evidentemente, o trabalho no teatro sempre foi um instrumento de libertação, e Brook nunca deixou de relacionar tudo que é convencional e medíocre ao medo – medo perante o risco –, enquanto o artista realmente comprometido com sua arte arrisca tudo e mais um pouco por um momento de criatividade. Mas se o teatro transcende uma função essencialmente política, não cabendo em limites ideológicos, e por outro lado perdeu a capacidade de "fazer crer", qual é, então, sua função na sociedade contemporânea? No âmbito público, coletivo, que utilidade o teatro ainda pode ter?

A maneira como Brook testava a evolução de seus espetáculos dá uma pista da que era para ele a principal função teatral:

> O mais importante do processo criativo é a parte dos ensaios e, dentro dela, montar pequenas representações para públicos que não saibam muito bem do que se trata, estudantes de nível fundamental, por exemplo. Isso nos ajuda a verificar qual é sua reação no nível do sentimento.

Em textos e declarações, ele sempre enfatiza a necessidade de que o sentimento prevaleça sobre o racional. E, sendo assim, seria exagerado afirmar que, no seu entender, a grande arena da política é, no fundo, a subjetividade do público, e não os espaços de poder, ou mesmo a sociedade? É o que o diretor parece sugerir, quando diz: "Apenas procuramos que o espectador sinta. E quando alguém sente, compreende". Segundo Brook, portanto, a visão das coisas se transforma a partir da emoção, e nada pode ser politicamente mais decisivo do que isso: o convencimento que, embora semeado de fora, nasce de dentro.

O teatro faz o vínculo de todos dentro dele com o mundo externo, e esse mundo de fora e tudo que há nele passam a ser vistos pelo filtro do teatro, com as emoções dos espectadores livres para se manifestar. Trazendo à tona o que está oculto em cada um, seus pensamentos, sentimentos, imagens, mitos e traumas – "feito uma explosão nuclear", uma "visão estereoscópica" da vida, num movimento espontâneo e provocado ao mesmo tempo, que se expande na interação geral –, o teatro libera o potencial coletivo oculto da plateia.

Se Shakespeare dizia que o teatro é "um espelho diante da natureza", Brook sabe que pode ser um espelho velho e empoeirado, que refletirá o pior da natureza humana ou borrará a imagem, encobrindo rugas e imperfeições, e pode ser, ainda, um espelho reluzente, rachado, distorcido etc. Em "O espelho" (p. 64-5), ele aponta sua preferência por um espelho que seja "constantemente limpo e polido para revelar, camada por camada, o que está escondido [...]. A natureza da natureza humana é então espantosamente revelada".

"Qual é o nosso objetivo, então?", pergunta o diretor, para ele mesmo responder: "Encontrar a matéria com que a vida é feita; nem mais, nem menos".

sobre os autores

PETER BROOK é um dos mais renomados diretores de teatro de todos os tempos. Entre as montagens que realizou com maestria estão *Tito Andrônico* (1955, com Laurence Olivier), *Rei Lear* (1962, com Paul Scofield) e *Sonho de uma noite de verão* (1970, para a Royal Shakespeare Company). Entre seus filmes encontram-se *O senhor das moscas* (1963), *Rei Lear* (1970) e *O Mahabharata* (1989). É autor de diversos livros, dentre eles *O espaço vazio* e *Reflexões sobre Shakespeare*, este último publicado pelas Edições Sesc, em 2016.

RODRIGO LACERDA possui graduação em História e doutorado em Teoria Literária e Literatura Comparada pela Universidade de São Paulo. Publicou traduções de autores como William Faulkner, Robert Louis Stevenson, Raymond Carver e Júlio Verne. Como autor tem livros de contos e romances publicados, entre eles *O mistério do leão rampante*, prêmio Jabuti de Melhor Romance em 1996.

Fontes GT Sectra, Suisse Int'l
Papel Pólen Bold 90 g/m²
Impressão Colorsystem
Data Outubro de 2019

MISTO
Papel produzido a partir
de fontes responsáveis
FSC® C084825